Maya

Hay un fantasma en mi tienda de campaña

Lola Llatas

Ilustraciones de María Tamarit

Malian
EDITORA

Dirección editorial Paqui Ibañez

© Malian Editora
46900-Torrent-Valencia
www.malianeditora.com

Maquetación: María Valero Espacio

Primera edición: abril 2023
Segunda edición: septiembre 2023

ISBN: 978-84-126791-0-6
DL: V-768-2023

Para mis hijos.

Lola Llatas

A Vicent, mi mejor fantasma.

María Tamarit

Contenido

1. Yo 7
2. Los preparativos 15
3. El viaje 23
4. De camino 31
5. Los grupos 39
6. El campamento 47
7. El encuentro de la primera noche 55
8. La leyenda 65
9. Segunda noche 75
10. El señor Ramón 87
11. Álex 97
12. Recapitulación de enfadados 109
13. Perdidos 119
14. Los espíritus del bosque 127
15. El conducto 137
16. En peligro 145
17. El rescate 153
18. El rescate de los rescatadores 159
19. El día después 167

1

Yo

Me llamo Manolo, tengo diez años y, según mi madre, un problema muy grande de falta de constancia y de concentración.

Es un síndrome que a mí apenas me molesta, pero a ella la hace suspirar y, según confiesa a sus amigas por teléfono, tirarse de los pelos.

Mi padre dice que lo que pasa es que soy un pasota y un dejado, y mi abuela opina que me falta sangre. El médico no hace más que recetarme vitaminas, pero al parecer la sangre no me vuelve. ¿Es o no para preocuparse?

Procuro no pensar en todas esas cosas, pero por las noches, cuando no puedo dormir, me vienen a la cabeza y es como si dieran vueltas por encima de mi cama. Me hacen abrir los ojos y no puedo apartar la vista del remolino de pensamientos que arrastra la cómoda y el estante con los libros. Mueve los pósteres de las paredes y las figuritas de juguete. Hace que el corazón me lata deprisa.

Y es que no es para menos.

Entonces me parece escuchar las voces de mis padres, flotando entre todo ese desastre, diciendo: «es que te tienes que esforzar más con las mates», «a ver si este año pasas de cinturón en judo», «¿cómo es posible que no te guste el solfeo con lo práctico que es?».

Y es que no me gustan las matemáticas y tampoco soy muy bueno en judo. Las clases de Música me aburren y...

—Manolo, hijo, ¡que se te van los ojos detrás de la tele! Hazme el favor de estudiar.

Esa es mi madre. Siempre que me paro a pensar, me pilla.

Agacho la cabeza y hago como que escribo. Ya son las siete de la tarde. Faltan dos horas para cenar y tengo un hambre... Suspiro y pongo un codo encima de la mesa del salón para sujetarme la frente con la mano. Llevo la mitad del ejercicio, pero no sé ni por dónde voy. Si la abuela bajara un poco el volumen de la tele, a lo mejor podría concentrarme, pero es que la pobre está sorda y el salón no es grande.

Mi madre está pegada a la pantalla del teléfono, allá en el sofá. Desde allí me vigila de vez en cuando. Tiene poderes o algo así, porque siempre alza los ojos en el preciso instante en el que yo echo una miradita al programa ese de cotilleos que están echando. Me ha dicho que no me levante del sitio hasta que no termine de estudiar.

—¿Te ayudo, Manolito? —se ofrece la abuela.

Se levanta y viene hasta donde estoy, me acaricia la cabeza y me da un beso en la frente. La abuela sabe un montón de matemáticas porque ha llevado los números de la fábrica de azulejos toda la vida, lo malo es que saca los resultados de las cuentas mirando al techo y, cuando miro yo, no veo nada de nada.

—¿Quitamos la tele, abuela? —le pregunto—. Si es que escucho al presentador como si lo tuviera metido entre las orejas.

—No te preocupes, Manolito, como si no estuviera, que es que ahora van a decir lo de la hija de la artista.

Y me vuelve a dar un beso.

Vivo en un piso pequeño enredado en una ciudad grande. Si fueras un pájaro y tuvieras que buscar mi casa, te resultaría tan difícil como distinguir una pelusilla de entre todo lo que llevo metido siempre en el bolsillo del pantalón.

Hay un mapa del barrio en la planta baja del colegio y mira que lo he visto veces, pero siempre confundo cuál es nuestra azotea. Los edificios se encaraman para ver cuál es el más alto y el más estrecho y en el que caben más ventanas, y en lo de las ventanas el mío se lleva la palma.

Pero continuemos conmigo, que para eso soy el protagonista de esta historia: según mis tías, soy monísimo, pero me faltan cuatro centímetros para llegar a la media de mi edad y me canso pronto cuando hay que correr. Mi padre dice que debería comer menos bocatas y dosificarme en las carreras, pero es que no me da tiempo ni a dosificarme porque a los cinco minutos estoy que tiro el esófago por la boca.

Y ahora, al grano.

Esta historia comienza cuando terminamos de cenar y les enseño la autorización para irnos de acampada con el colegio.

No me apetece nada ir. Estoy tranquilo porque sé que no me darán permiso. Dice la directora que hay que pagar noventa y ocho euros antes del martes. Eso es mucho más de lo que cuestan las botas de fútbol, que valen veinte, y según mis padres no hay dinero para pagarlas este mes.

—¿Es la acampada? —pregunta mi madre, mientras termina de pelarme la pera.

Yo le digo que sí con la cabeza y mi padre me sonríe, agarra el papel y lo lee. Después lo deja encima de la mesa.

—Qué bien, ¿no? —me pregunta—. ¿Tienes ganas de ir?

Yo frunzo el ceño. Por supuesto que no tengo ganas de ir. Hay que hacer grupos de tres para las tiendas y mis amigos están ya todos

pillados. Ni siquiera me han preguntado si quería estar con ellos.

—No pasa nada —digo—. Es muy caro, lo sé.

Pero mi padre mira a mi madre y los dos sonríen. La abuela está otra vez delante de la tele.

—Bueno, va a ser toda una experiencia y no te la puedes perder —concluye mi madre.

Yo trago saliva. Algo no está saliendo como debería y miro al uno y a la otra a ver si adivino lo que pasa aquí.

—Hay que pagar noventa y ocho euros para el martes —insisto, por si no han leído la letra pequeña.

Mi madre suspira y me tiende la pera a trozos.

—Ya están pagados —me dice—. Anda que no llevan semanas dando la lata con la acampadita dichosa en el grupo de wasap.

—Y hay que llevar saco de dormir, una mochila y...

Mi padre sonríe y me muestra la pantalla de su móvil:

—Todo comprado por el teléfono.

—¿De segunda mano? —pregunto, alarmado.

Y mi madre pone cara de mosqueo y me dice:

—Como la mitad de los de tu clase, a ver lo que te has creído tú. Que a saber cuándo vuelves a usar eso.

Y yo siento de repente que los síntomas de enfermedad por falta de constancia vuelven y se me acelera la respiración: me voy de acampada.

2

Los preparativos

Cuando llego del colegio al día siguiente, encuentro a mi madre sentada frente al teléfono. Se ríe.

Seguro que es otro chiste de alguien. A veces me los enseña; otras, me dice que todavía soy muy pequeño y que son cosas de mayores.

Algunos compañeros en mi clase tienen teléfonos también, así que tan pequeño no soy, pero no hay manera de que lo entienda.

—Va a venir tu amigo Guille a merendar con su madre —me dice—. He comprado unas galletas en la panadería, por si quieres una.

Me rasco la cabeza. Guille no es mi amigo. Es el hijo de nuestra vecina de siempre, va a mi clase y a solfeo. A judo no va conmigo porque me dejó atrás en cuanto comenzó a sacarse cinturones. Nos conocemos desde que íbamos a la guardería y hemos celebrado juntos nuestros cumpleaños, pero no es mi amigo.

La abuela me saluda, frente a la tele, y me pide que me acerque para darle un beso.

—Tráeme a mí una de esas galletas —me susurra, mientras me pellizca las mejillas.

Y se la llevo.

Mi padre llega un rato después con un montón de trastos en cajas y la vecina y Guille entran en el piso con él.

—¿Todo? —le pregunta la madre de Guille.

Mi padre sonríe.

—Veinticinco euros, ya ves. Era un hombre muy majo. Quería hacer reforma y se estaba deshaciendo de un montón de cosas que tenía en el trastero. Dice que eran del gruñón de su padre, que en paz descanse. Me ha dado los sacos de dormir, las mochilas, las esterillas...

Y va sacándolo todo de las cajas.

Las dos mujeres lo observan encantadas.

La abuela come la galleta frente a la tele y Guille me mira por entre los huecos que dejan los mayores mientras inspeccionan las mercancías. Tiene los ojos clavados en mí.

Eso es lo que me pone más nervioso de Guille: que me mira toda la cara a la vez. Es como si me tuviera rodeado sin escapatoria.

Y también me pone nervioso no saber desde cuándo no le caigo bien. ¿Desde que le rompí la bici? ¿O desde que le perdí el monopatín? ¿Desde aquella vez que pulvericé su cómic favorito?

Hace años de todas esas cosas, pero no me las ha perdonado. En lugar de eso, me mira toda la cara y le dice al resto en clase que soy un patoso y que no corro demasiado y que no soy divertido.

—Mira lo que me ha dado —continúa diciendo mi padre.

Sonríe como el cazador que ha vuelto al refugio en plena tormenta de nieve con los víveres para que toda su tribu sobreviva al invierno.

Alza la mano y en ella tiene una caja de música de las que le gustan a mi madre, y ella se pone a dar saltitos y le da un beso en los labios a papá.

¡Qué asco! ¡Y delante de Guille!

Espero que no se lo diga a nadie en el colegio.

Me pongo muy rojo y cierro los ojos para apartar la imagen de mi cabeza, y siento cómo me agarran de la parte de detrás de la camiseta. Es mi padre, que me acerca a la caja. Tiene a Guille agarrado con la otra mano y nos dice:

—Mirad a ver cómo lo repartís, campeones, nosotros vamos a hacernos un café.

—Y hay galletas —dice mi madre.

—¡Buenísimas! —chilla mi abuela.

Y mi padre se da media vuelta.

Guille y yo no decimos nada al principio. Ni siquiera nos miramos. Tampoco nos volvemos de reojo para ver cómo se meten en la cocina, pero tenemos el oído activado y escuchamos los pasos y el ruido de las sillas al arrastrarse.

Mi abuela sigue con la tele.

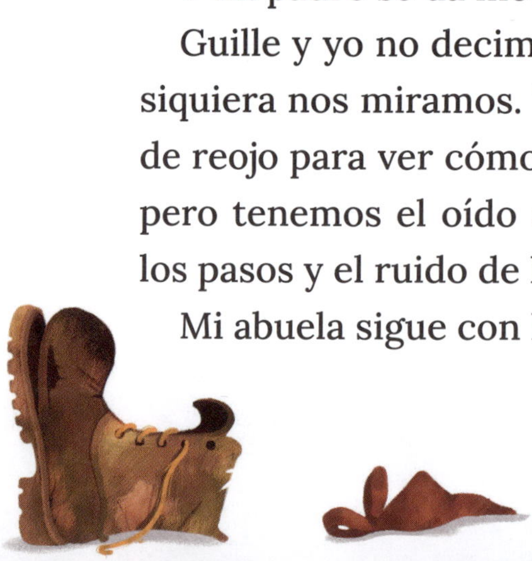

Entonces Guille se agacha para inspeccionar la caja. Yo continúo erguido. Puedo sentir su fastidio por la manera en la que lo revuelve todo.

—Esto es una porquería —concluye al fin.

Yo no digo nada. He aprendido que cada cosa que digo frente a mi vecino será utilizada en mi contra.

—Basura —dice. Y entonces me doy cuenta de que habla para sí mismo—. Miguel y Pedro van a llevar sacos nuevos con esterillas a juego. Esto huele a rancio. Nos han robado el dinero.

Agarra una de las mochilas. Después la otra. Abre las cremalleras. Vuelve a la primera. A la segunda. A la primera, y entonces asiente. Lanza al suelo la que no quiere y que será mía, y esta aterriza frente a mis pies.

Hace lo mismo con los sacos, pero esta vez no le hace falta inspeccionar tanto porque hay uno visiblemente más nuevo que otro y, por supuesto, se lo queda.

Me lanza el otro y cae contra la mochila. Es verde, pero no verde militar, sino verde lechuga podrida.

Entonces Guille me mira y dice:

—Ni se te ocurra decir que tu padre los ha comprado de segunda mano. Ni se te ocurra.

Yo niego.

Después Guille se dirige hacia la cocina y lo reciben con «¿ya os habéis aclarado?», «¿quieres un poco de leche?», «a ver cuándo te pasas a jugar».

Sale segundos después con un par de galletas y se sienta junto a mi abuela a ver la tele. Ella le pregunta por el cole y por los deberes.

Guille le contesta a todo que bien.

3

El viaje

Mis padres y la abuela me acompañan hacia la puerta del cole. Todavía es de noche porque nos hemos levantado tempranísimo.

Yo no veo la necesidad de este madrugón, ni la de montarme en el autobús, ni la de irme de acampada, pero mi familia está muy emocionada por mí y mi padre no deja de repetirme lo bien que me lo voy a pasar. También me pide que no arrastre los pies y que camine recto y un poco más deprisa y con un poco más de alegría.

A veces se le olvida mi síndrome de falta de concentración.

Nos hemos hecho ya tres fotos todos juntos. Cosas de mi madre y de que yo salía siempre con los ojos cerrados.

—No estés tan nervioso y alegra esa cara, hombre —me dice mi madre.

Y me da un beso en la cabeza.

Yo lo que quiero es que no me bese con tantas prisas ni que me haga fotos. Solo quiero que se pare a preguntarme: «¿estás contento?».

Porque no estoy contento.

Pero nadie me ha preguntado eso.

Los mayores es lo que tienen, que piensan que se saben las respuestas. A veces me pregunto si ellos tuvieron mi edad alguna vez, porque parece que no se acuerden de lo que es cuando no te apetece ir a un sitio y sientes que te duele la barriga.

Ellos piensan que mis preocupaciones no tienen importancia, que son pasajeras y que tengo suerte de no tener que pensar en llegar a final de mes y en las facturas y en la hipoteca y en las crisis y esas cosas.

«Aprovecha ahora y disfruta», me dicen.

Pero es que yo creo que no es tan sencillo, porque ser niño no es como en las películas. A veces quieres que las mates se te den bien con todas tus fuerzas y no hay manera. Y quieres no ponerte rojo, o correr más rápido, o que no se te trabe la lengua. Quieres que no te duela cuando Guille y sus amigos te miran de reojo, pero a veces no sale.

—¡Manolo Gimeno Montalva! —chilla Pepe.

Mi amigo Pepe nos llama a todos por el nombre y los apellidos cuando nos ve de lejos. Como si hubiera por la calle ahora mismo quince Manolos más con los que confundirme. Son las seis de la mañana. Va con sus padres también y se paran a esperarnos.

Pepe lleva una mochila nueva con reflectante que es como dos veces la mía y el saco de dormir va atado a la parte de abajo. La cazadora que lleva es del mismo color.

Parece que haya nacido para ir de acampada.

—Mira estos millonetis —susurra mi madre, cuando nos acercamos a ellos.

Pero cuando se juntan todos se saludan y se dan dos besos. Después hablan de lo que van a hacer cuando no estemos y de lo a gusto que van a dormir y de que ya saben dónde se van a ir de cena.

—Hola, Manolo —me saluda Pepe—. ¿Te has leído los papeles?

Me señala lo que nos enviaron los del campamento. Lo lleva impreso a color en la mano. Yo tuve que leerlo con el móvil de mamá con la pantalla girada y me cansé a mitad.

—Casi todo —admito.

Pepe asiente.

—Va a estar genial. Mi hermano fue el año pasado y dice que vieron ciervos.

—Vaya, qué bonito —digo—. ¿Salvajes?

Pepe se vuelve entonces hacia nuestros padres y, al ver que están a lo suyo, me susurra:

—Y me ha dicho también que nadie te vigila. Los monitores ni se enteran si te vas por ahí por la noche.

Yo meneo la cabeza como si lo supiera, pero no tenía ni idea. Y Pepe sigue hablando:

—Hay un montón de lugares cerca del campamento para ocultarse sin que te vea nadie.

Hay pedruscos y cuevas... Mi hermano me ha dicho dónde están las mejores.

Y entonces veo que por detrás de los papeles del campamento tiene dibujado un mapa que parece el de la isla de un tesoro, con cruces en los árboles en los que hay que hacer un quiebro y cambiar de dirección.

Me lo enseña sin que se vea mucho y entonces chilla:

—¡Miguel Zamorano Melero!

Alzo la cabeza. Ahí delante está Miguel, el amigo de Guille. Va con su abuelo. Se vuelve y nos saluda con desgana, pero Pepe sale corriendo hacia él y, cuando llega hasta donde está, veo que hablan apartados para que el adulto no les escuche.

Le está contando lo del mapa.

Se arma mucho revuelo a la hora de subir al autobús porque todos quieren subir los primeros y quieren también dejar las mochilas en el portaequipajes los primeros y despedirse de sus familias los primeros.

Mis compañeros están emocionados; yo, nervioso.

Las chicas han hecho un corro y están de lo más contentas. No hacen más que chillar y se me meten los pitidos que tienen por voz por las orejas. También está Álex. Es la más guapa, pero nunca la miro porque siento que cuando la miro lo nota, de alguna manera. Aunque esté lejos como ahora y tengamos un montón de gente entre medias y esté de espaldas a mí.

¿En serio me tengo que ir de acampada?

No me gustan nada las competiciones ni tener que lavarme la ropa ni ducharme delante de gente. Seguro que la comida no me gusta.

Seguro que no puedo dormir.

Seguro que me armo un lío con algo.

Cuando subo al autobús, busco un asiento de ventanilla y me quito la chaqueta. Estoy agobiado. Mi madre sigue haciéndome fotos desde la parada.

—Manolo, ¿me puedo sentar contigo?

Me vuelvo y es Ferrán, el de la clase de al lado. Es muy majete y siempre lleva el pelo despeinado adrede porque es moderno.

—Claro —le digo.

—¿Sabes jugar a las cartas? —me pregunta.

—Sé.

Y entonces se ríe y me indica que me asome a los asientos de detrás. Ahmed y José Joaquín, también de la clase de al lado, sacan la baraja y me miran divertidos. Entonces yo me río también.

A lo mejor tampoco lo paso tan mal, al fin y al cabo.

4

De camino

Solo hacemos una parada para comernos el bocata a medio camino y, cuando el sol me da de cara, me noto animado. La verdad es que me lo estoy pasando bien con estos.

Jugar a las cartas con la abuela me ha convertido en un experto y les he enseñado hasta trucos.

El cielo está despejado. Nos sentamos en una zona de merenderos al lado de la autopista. Hay dos o tres coches más aparcados, pero nada con lo que poder entretenerse.

La mitad de los estudiantes se han ido a hacer cola para hacer pis o lo otro, ya sabes, a la gasolinera. La maestra, Vicen *la Hueso*, se ha tenido que ir con ellos para poner orden y autoridad.

Saco mi bocata. Solo por el tamaño sé que me lo ha preparado la abuela. Es el doble de grande que el de Ferrán y los otros. Si lo hubieran preparado mis padres, sería minúsculo, el pan sería integral y lo más exótico que podría encontrarme dentro sería atún.

Por eso me da miedo abrirlo, porque los bocatas de la abuela pueden llevar hasta morcillas o huevo frito. No entiende que cada vez que hace eso hunde mi reputación a la vez que me alimenta.

—Ala, qué flautón —dice José Joaquín. Él lleva un sándwich de pan de molde con queso.

—Tortilla de patatas —digo resignado—. Y menudo tomo me ha puesto.

No sé si el bocata es más alto que ancho. Pesa un quintal.

—Qué suerte —dice Ahmed, mientras observa su almuerzo normal y corriente.

—¿Queréis? —ofrezco.

Y no me dicen que no. Abro el pan y los tres pisos de tortilla nos miran de vuelta.

—Con las manos —les apremio, al ver que no saben cómo agarrarlos.

Y cada uno mete los dedos en mi bocata y agarra un trozo de tortilla tan grande como media pastilla de turrón. Y a mí me ha quedado como para no quedarme con hambre en todo el día.

Nos reímos otra vez.

—Está rica —dice Ferrán. Se la ha mezclado con sus tres rebanadas de mortadela y come de lo más animado.

Y entonces noto un codazo y alzo la cabeza. Ferrán señala a Guille y a sus amigos, que nos miran y se dicen cosas al oído.

—¿Qué les pasa a esos de tu clase? —me pregunta Ahmed.

Yo meneo la cabeza y procuramos ignorarlos, pero ya no es lo mismo. De repente es como si viera mi almuerzo desde los ojos de Guille. La tortilla tiene huellas de dedos y zonas rotas por todas partes, el pan está doblado y me he manchado las manos de aceite.

No tengo con qué limpiarme.

Ya no me apetece comer.

Por mucho que miro al cielo o a los de la cola de la gasolinera, siempre hay un trozo de ojo que se va hacia Guille y sus amigos. Y me da vergüenza, porque cuando se burla de mí y estoy solo es una cosa, pero cuando hay testigos duele más porque se convierte en realidad, se refleja en los ojos de los que me acompañan y se magnifica como si fueran lupas.

—Dice Pepe el de tu clase que el año pasado estuvo su hermano e hicieron un montón de locuras —declara José Joaquín, cambiando de tema.

Ahmed se ríe y da bocado.

—Mi prima Amina también fue. Hicieron las locuras la primera media hora de la primera noche. Después se pasaron los cuatro días siguientes castigados.

Les parece divertido y me río por reírme.

—Mirad —dice Ferrán de repente—, por ahí viene.

Nos volvemos de nuevo y a mí me entra un escalofrío por la espalda. Por favor, que no sea Guille, por favor, que no sea Guille, por favor, que no sea Guille... Pero es Álex con dos de sus amigas.

Se acercan a nosotros.

Y tengo el pan torcido.

Y los dedos llenos de aceite.

Y la tortilla, y...

—Hola, chicos —nos saluda.

No me puedo creer que se haya parado enfrente de nosotros ni que nos esté hablando.

Yo mantengo la mirada gacha y solo le veo los pies.

El resto contesta algo y sus amigas hablan y ella habla y José Joaquín habla y otra vez sus amigas... Y cuando alzo la mirada y la cruzo con la suya, solo por una millonésima de segundo, me doy cuenta de que le gusta Ahmed.

Cuando volvemos al autobús, ya no me apetece jugar a las cartas. Me preguntan un par de veces si me encuentro bien y les digo que me he mareado. No es tan raro.

Hugo lleva todo el camino vomitando y sentado en primera fila, de lo más tranquilo.

Alzo el rabillo del ojo y miro a mi alrededor. Por delante están Álex y sus amigas. Apenas se las oye, pero se están riendo. Paso de girarme porque a los que sí escucho son a Guille y a su tropa.

Han comenzado un juego de palabras en el que no dejo de escuchar la palabra «tortilla» todo el tiempo.

Y no soy tonto.

A lo mejor me falta constancia y sangre, pero no soy tonto.

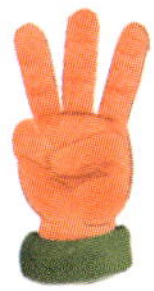

5

Los grupos

Después de dos horas de bosque y abetos altos, vislumbramos el campamento.

Madre mía, ¿dónde me estoy metiendo?

Llegamos a una zona de aparcamiento donde hay dos autobuses más. Los ocupantes de uno de ellos están terminando de bajar los bártulos. La mayoría parecen felices y animados, hay alguno con la cara verde de aguantarse el mareo de las últimas curvas y otros con la misma cara de resignación que debo de llevar yo.

Al verlos con las mochilas colgadas al hombro, recuerdo que he hecho lo más fácil del viaje, que es estar sentado en el autobús. Las instrucciones que mamá me leyó anoche desde su teléfono dicen que vamos a vivir una verdadera experiencia campal... o campestre, no me acuerdo.

Como el autobús es alto, veo cuatro edificios de una planta hechos de cemento y troncos. Hay carteles, césped y un enjambre de tiendas de campaña que suben hasta la cima de un prado. De lejos parecen pequeñas setas grises aquí y allá. Un grupo de alumnos están montando las suyas y no, no son como esas que tiras y se quedan plantadas, no. Están clavando cosas en el suelo.

Y, en cuanto bajamos del autobús, todo lo que hacemos se me hace bola: agarrar las mochilas, seguir a los monitores, entrar en una de esas casetas para tomar un refrigerio y escuchar una charla acerca de lo que no hacer... Van a confiscar los teléfonos de todo aquel que tenga uno. Tenemos prohibido tirarnos al río o perdernos en el bosque.

Es un alivio.

Tampoco podemos salir de las tiendas después del toque de queda.

Nos indican dónde están los baños, las cocinas y la caseta del paramédico. Me tranquiliza que no haya quirófano ni serruchos. Eso quiere decir que tampoco puede pasarnos gran cosa.

Y llega el momento de la verdad, y alguien dice:

—Distribuíos en grupos de tres.

Suspiro. Los grupos ya están distribuidos desde hace dos semanas, en el preciso instante en el que nos dijeron que se harían grupos de tres. Se construyeron en clase con miradas que se iban pasando de un lado a otro como electricidad y que a mí me saltaban por el lado, por encima de la cabeza o por el hueco del sobaco.

Se sabía qué grupo se había hecho por las risitas nerviosas.

Recuerdo perfectamente aquel momento, y que alcé la cabeza y me crucé con los ojos avispados de Daniel, que sonreía y me señalaba.

Daniel es muy buen chaval y me dio una punzada de alegría que hubiera pensado en mí. Se había incorporado al curso a mitad de año y me cae muy bien. Me preguntaba con señas a quién más podríamos invitar a nuestro grupo... El bueno de Daniel. Pero Daniel no estaba. Había cogido paperas hacía tres días y se había quedado sin campamento.

—Manolo, ¿y tú? —me pegunta la profesora.

Me encojo de hombros. La miro. Esperan que hable en voz alta y todos me miran desde sus grupos. Parecen monstruos de tres cabezas y seis brazos. Me observan con sus cuellos y las rodillas apelotonadas, temiendo que llegue una ráfaga de aire y pueda separarlos.

—¿Qué? —digo con un hilillo de voz.

Si Guille no se estuviera riendo, yo no me pondría tan rojo y la sangre, en lugar de a mis mofletes, podría ir a otras partes de mi cuerpo, como a las orejas, y así escucharía un poco mejor.

—¿No tienes grupo? —me pregunta.

Podría haber formulado la pregunta de otra manera. Ahora los que quedaban por ponerme la vista encima han dejado lo que estaban haciendo para mirarme de arriba abajo. Álex y sus amigas también.

Me sale otro hilillo de voz:

—Iba con Daniel y...

—Está con paperas —me dice la profesora.

Como si no lo supiera. Como si no le hubiera suplicado a mamá que buscara remedios milagrosos para las paperas en Internet.

La profesora camina entonces hacia mí y por un momento me horrorizo, porque se me ocurre que me tengo que poner con ella.

Eso sí que no.

Eso nunca.

Comienzo a respirar agitadamente y veo borroso, pero entonces leo en los ojos de la maestra que a ella tampoco le hace ni pizca de gracia dormir en mi tienda y la veo rebuscar con la cabeza de un lado a otro. Y de repente su rostro se ilumina.

Yo no quiero ni imaginar qué es lo que está pensando.

—Pues me vienes de perlas —dice al final.

Vaya, me alegro de que mi desgracia sirva para algo...

—Mirad —nos dice—, el curso pasado ya nos llamaron la atención y este año por poco no puede venir el colegio, así que os voy a redistribuir, que no quiero líos. El trío maravilla se rompe. A ver: Guille por aquí... Sí, Guille..., tú con Manolo.

No me lo puedo creer.

Lo que acaba de hacer es firmar mi sentencia de muerte. Estoy por decirle a Vicen que prefiero dormir con ella y comer con ella, que montaré su tienda y que, en cuanto nos enseñen a hacer fuego, le pondré una estufa.

La cara con la que Guille se despide de Pedro y de Miguel, los ojos con los que me mira, la manera en la que aprieta los puños al caminar... Estoy convencido de que va a intentar asesinarme mientras duermo.

O peor: me pegará los pies con pegamento industrial o me pintará el pelo de verde.

No me atrevo a mirarlo, pero él sí que me mira y resopla. Alzo la cara pidiendo socorro al resto, a ver si alguien se apiada de mí.

Pero los grupos han vuelto a lo suyo y nadie

atiende las señales corporales y visuales de venganza que me lanza Guille.

Daniel, ¿¡por qué tuviste que coger paperas!?

6

El campamento

Caminamos hacia la zona en la que acamparemos. Vamos en fila india porque tenemos que pasar entre un montón de tiendas que ya están montadas.

Hay dos colegios más, separados por un caminito de piedras que está embarrado.

Guille camina justo detrás de mí y puedo sentir su aliento y sus palabras amenazantes en el cogote.

—Ya te vale —repite una y otra vez—, desde luego. Qué cruz.

Su mente piensa que he urdido un plan perfecto para separarlo de sus amigos, que me cojan más manía de la que me tienen y así tenerlos rondando mi tienda las veinticuatro horas del día.

A mi alrededor solo veo caras sonrientes bañadas por el sol de la tarde, pero los de la fila nos alejamos de ellas y llegamos a un trozo de prado vacío, excepto por una figura alargada y delgaducha con uniforme.

—¡Bienvenidos, alumnos del colegio Félix Rodríguez de la Fuente! —dice chillando, como si fuera un presentador de televisión—. Me llamo Luis y voy a ser vuestro monitor. Cualquier duda, me preguntáis.

Tiene la voz robotizada, pero entonces me doy cuenta de que lleva un micrófono de auricular y me quedo más tranquilo al saber que no es un ser de otra galaxia.

—Quiero que cada grupo os coloquéis sobre una de las marcas del suelo y...

Antes de que pueda explicar nada más, mis compañeros echan a correr hacia las marcas. ¿Y si son para que le caiga a uno algo en la cabeza? Todo buen amante de los dibujos animados que se precie sabe que una cruz en el suelo significa que te puede caer un cohete de punta desde el cielo. O un piano.

—¿Quieres hacer el favor de correr? —se impacienta Guille, agarrándome de la manga.

Y entonces siento que me arrastra literalmente hacia las marcas del prado, pero están casi todas pilladas.

Al parecer hemos perdido unos segundos preciosos. Busca a sus amigos con la mirada y yo los busco también con la esperanza de encontrarlos antes que él y alejarlo para que no los vea.

—¡Manolo Gimeno Montalva! —escucho gritar a Pepe.

Lo saludo de vuelta.

Con el grito de Pepe, Ahmed alza la cabeza y me saluda.

—¡Aquí hay un sitio! —nos llama.

Guille se vuelve hacia él y niega.

—No pienso ponerme con los de la otra clase —me susurra, con cara de muy mala leche.

Me estoy poniendo muy nervioso. No hacemos más que correr dando vueltas: él delante y yo detrás arrastrado y sin voluntad.

Como no quedan más cruces libres, el propio Luis con su uniforme, el protector solar en la punta de la nariz y la gorra con solapas para las orejas, nos acompaña a la marca que nos ha indicado Ahmed.

Por suerte, Miguel y Pedro están en la otra punta del prado.

Guille me odia.

—Somos vecinos —dice Ferrán, animado.

Y entonces se me acerca y me susurra al oído:

—Podemos juntarnos por la noche y jugar a las cartas.

Yo asiento, aliviado. Si hay testigos cerca, Guille no se atreverá a matarme.

—Y ahora —prosigue Luis, paseándose por entre los grupos—, ¿veis esos sacos que hay en el suelo, junto a cada una de las marcas? Se trata de vuestras tiendas de campaña. En el bolsillo lateral están las instrucciones. Solo debéis seguirlas al pie de la letra.

—¡En el bolsillo lateral! —chilla Vicen, mientras se pasea entre nosotros.

Luis sonríe.

—A ver —explica—, seguro que muchos de vosotros no habéis montado nunca una tienda, pero no es difícil. Como he dicho, lo tenéis todo en el bolsillo del saco. Esto es un trabajo en equipo y debéis contar con vuestros compañeros para sobrevivir en el bosque, y esto es lo que vamos a aprender en los próximos días. Contar con el resto es fundamental.

—Pepe, ¡escucha! —chilla la maestra, haciéndole una señal para que deje de mirar las nubes.

Cuando me doy la vuelta, Guille ya está leyendo las instrucciones y niega.

—¿Has montado una tienda alguna vez? —me pregunta.

—¿Y tú? —le pregunto de vuelta. Y me pongo colorado al hacerlo.

Él dice que no con la cabeza y se me queda mirando. Me mira durante un minuto por lo menos y yo no sé qué hacer porque siento que diga lo que diga se va a enfadar, así que no digo nada.

Qué minuto más largo.

—Mira —me dice—, esto es un fastidio, lo sé; así que hacemos lo justo y cada uno a su aire, Tortilla.

Yo asiento con la cabeza. Es un alivio que me haya perdonado la vida pero, aun así, cuando agarro las instrucciones que me da, la mano me tiembla.

Estoy sudando.

—Creo que es mejor que hagamos lo mismo que tus amigos —me dice, señalando por detrás de mí.

Yo no sé ni a lo que se refiere, pero, cuando me vuelvo, José Joaquín ya ha sacado la tienda del saco y la ha extendido sobre el suelo de esterillas.

—Vale —digo.

Entonces Guille se acerca a mí y entre los dos abrimos el saco y extendemos las esterillas.

José Joaquín se percata de que los estamos copiando y nos echa un cable un par de veces.

—Sujeta esto —me dice Guille, refiriéndose a la piqueta.

Y él agarra una piedra para golpear y así clavarla al suelo.

Qué estampa. Yo estoy arrodillado en el suelo y Guille está de pie, frente a mí, con la piedra en alto. Parece un gigante. El sol le da por detrás y dibuja su contorno como si fuera de fuego.

—¿Preparado? —me pregunta.

Y yo asiento pero, cuando baja la mano con la roca a toda velocidad, suelto la piqueta aterrorizado haciendo que salga despedida por los aires y acabe entre los árboles.

Nos partimos de risa los dos.

7

El encuentro de la primera noche

Y vale que Guille y yo pasamos algún momento divertido, como cuando se me engancha la cremallera de la tienda en el flequillo, pero se le olvidan en cuanto le surge la oportunidad de correr con sus amigos.

Cuando está con ellos, vuelve a llamarme Tortilla y yo a hacer como que no lo escucho.

Después de cenar nos reunimos alrededor de una hoguera enorme con los de nuestro colegio y cantamos algunas canciones.

Me gusta.

El cielo está plagado de estrellas, el fuego baila delante de nuestros ojos y solo nos vemos las siluetas. En esos momentos somos todos iguales, todos menos Álex, que siempre me parece diferente.

Lleva el pelo recogido en una coleta como casi todas las niñas, pero aun así la reconozco a la primera.

De pequeños jugábamos y éramos buenos amigos, pero cuando comenzó a temblarme la voz y todo se me caía al suelo porque me gustaba, dejé de juntarme con ella.

Tiene los ojos grandes y la cara llena de pecas.

En este momento mira al fuego atentamente y yo me quedo hipnotizado observándola.

—Hora de volver a las tiendas —dice Luis.

Y nos levantamos poco a poco. Ferrán me cuenta un chiste durante el camino de vuelta, pero estoy demasiado concentrado en mirar al suelo y no caerme como para apreciarlo o reírme.

No se ve nada.

Menos que nada.

En cualquier momento nos podría atacar un lobo o algo peor: me podría tropezar sobre las piedras del camino cubiertas de barro y que Álex estuviera mirando.

Cuando yo llego a la tienda, Guille ya está dentro, pero no lleva el pijama. Está sentado sobre su saco y me mira mientras tamborilea con los nudillos sobre su pierna.

—Tortilla —me dice—, cuando pasen lista me voy, y si te chivas te la ganas.

Yo lo miro con los ojos bien abiertos.

—No me pienso chivar —digo—. Puedes hacer lo que quieras.

Le he perdido un poco el miedo y ya no le hablo como si fuera a convertirse en Hulk en cualquier momento. He recuperado un poco mi dignidad.

—Yo a lo mejor me voy a jugar a las cartas con los de la otra clase —le digo.

Y me doy importancia.

—Tú no te vas a ningún lado —me replica muy serio—. Te quedas aquí por si pasa la profe, que me tienes que cubrir.

—Claro —balbuceo. Y vuelvo a perder mi dignidad.

Veinte minutos después, Vicen llama nuestros nombres para pasar lista y los dos contestamos. Después la voz de la profesora se aleja y Guille, hecho una sombra con la linterna apagada, me dice que se las pira.

—Vale —replico.

Y así es como me quedo solo.

Suspiro y, sin encender la linterna, despliego mi saco de dormir. Pienso hacerme el dormido para cuando Ferrán venga a buscarme para ir con ellos porque no quiero líos con Guille.

Abro el saco, me vuelvo a mi mochila para buscar la cantimplora y echar un trago y, cuando me vuelvo de nuevo hacia el saco, la cosa más rara sucede: ¡hay alguien dentro de mi saco de dormir! Se puede apreciar el bulto de su cuerpo y está tapado hasta las orejas.

No puede ser. Me restriego los ojos, pero sigue allí.

—¿Guille? —pregunto.

Pero no es Guille. Guille no tiene la mano blanquecina con los dedos largos. Tampoco tiene el pelo blanco peinado con la raya al lado.

—¿Guille? —vuelvo a preguntar.

Por si acaso.

Porque a lo mejor me está gastando una broma con Miguel y Pedro, y espera que salga corriendo del susto. Me tengo que controlar.

—¿Miguel?

Y entonces esa persona lanza un ronquido como los que lanza la abuela cuando voy a despertarla de la siesta y doy un salto para atrás.

¿Quién es ese señor que está durmiendo en mi saco?

Se ha quedado boca arriba y bufa tan fuerte que me extraña que no lo escuchen desde la cabaña de los profesores.

—¿Hola? —pregunto.

Ya no digo Guille.

Y entonces ese señor abre los ojos de golpe y se me queda mirando. Tiene los ojos tan

blancos que contrastan con la penumbra a nuestro alrededor.

—¿Quién es usted? —pregunto.

Me mira con la boca abierta.

—¿Quién eres tú? —me pregunta él.

Se me está comenzando a acelerar el pulso. No debería estar hablando con desconocidos. ¡No debería haber uno de ellos dentro de mi saco de dormir!

—Yo soy Manolo —le respondo, con el corazón que se me va a salir por las orejas.

—¿Se puede saber qué quieres, Manolo?

Yo no sé muy bien qué decir.

—Está usted en mi saco de dormir —le digo.

Y él niega con la cabeza.

—Ni pensarlo. Este es MI saco. Con él hice la mili en Zaragoza.

Estoy comenzando a ponerme nervioso y agarro la linterna. Quiero verlo bien. Si lo veo bien sabré si tiene cara de simpático o está tan loco como parece, así que le apunto y enciendo, y entonces... ¡se vuelve invisible!

¡¿Cómo?!

Enfoco a mi alrededor. La tienda tiene cinco metros cuadrados. ¿Dónde está el extraño hombre? Y sucede lo impensable: al dejar de apuntarlo con la luz de la linterna, vuelve a aparecer.

¡Le apunto y desaparece!

¡Quito y aparece!

No sé la de veces que repito esa operación hasta que de repente me doy cuenta de que ese señor solo se ve si todo está oscuro.

Entonces apago la linterna.

Los dos nos miramos fijamente, permanecemos en silencio durante un par de segundos y comenzamos a chillar.

Nunca he chillado más en toda mi vida. No sabía que aguantaba tanto tiempo sin respirar.

Y se arma una buena, porque mis chillidos alertan al resto de estudiantes, a los profesores, a los monitores, a los búhos que hay en los árboles y a un par de perros que comienzan a aullar conmigo en la lejanía.

Acude tanta gente a mi tienda de campaña que no me da tiempo a contarlos a todos. El paramédico, los vigilantes, Vicen, los del colegio de al lado...

Y lejos de que me dé vergüenza que me vean con el pijama con el estampado de cohetes, me encuentro reconfortado con toda la compañía.

8

La leyenda

Debo confesar que soy incapaz de pegar ojo en lo que queda de noche.

¿De verdad vi a un señor mayor en mi saco de dormir? Cuanto más lo pienso, más imposible me parece pero ¿cómo pude imaginar lo de la mili en Zaragoza si no sé ni lo que es una mili?

Se me acelera el corazón solo de pensarlo y se me hace de día mirando el techo de la tienda.

Menos mal que no estoy solo y Guille está bien cerquita. Si veo al hombre del saco... Qué mal suena lo de «hombre del saco».

Mejor lo llamo «señor de la noche».

Tampoco me gusta.

Bueno, que si aparece ya sabes quién, puedo alargar el brazo y darle un manotazo en la cabeza a Guille para que me ayude, aunque, a decir verdad, está tan enfadado conmigo que igual se pone de parte del hombre de... ¡Si es que no sé cómo llamarlo!

Resulta que Guille piensa que me puse a chillar de mentira y que me lo he inventado todo para que lo castiguen, porque eso es lo que pasó en cuanto Vicen se dio cuenta de que no estaba en la tienda.

Cómo se puso la profe... Metió la cabeza en la tienda, vio que Guille no estaba, la sacó, la metió y me dijo que dejara de chillar, la sacó, la metió de nuevo, dejé de gritar y me preguntó que qué me pasaba.

Le dije que había visto un fantasma o algo así, y entonces ella me preguntó por Guille.

Mi problemón dejó de tener importancia por un segundo.

Después la profe desapareció y volvió a aparecer con Guille a los pocos minutos. Qué caras llevaban los dos.

Mi compañero me lanzó una mirada ametralladora y se metió en la tienda.

Me dijo: «Si quieres que juguemos sucio, jugaremos sucio».

¿No es lo peor que te pueden decir cuando estás de acampada en un lugar en el que puedes ensuciarte de tantas maneras?

Y yo sin poder dormir. Se ha hecho de día y la hora de levantarse.

Pensaba que nos íbamos a despertar con el sonido de los pajarillos o, a lo sumo, de un gallo, pero en lugar de eso suena una sirena como la que avisa que ha terminado la primera parte de un partido de fútbol en primera división.

Veo a Guille revolverse, abrir los ojos como platos preguntándose dónde narices está, mirarme a mí y poner cara de fastidio.

—Te juro que no chillé queriendo —vuelvo a insistirle—. Me asusté.

No me habla.

Está tan convencido de que lo hice para que lo pillaran que no se molesta en preguntar de qué me asusté, y casi es mejor porque si me pregunta sé que se lo diré y entonces tendré que pronunciarlo en voz alta y volveré a darme miedo a mí mismo.

—Había algo, te lo juro —le digo.

Pero Guille ya se ha puesto en pie, ha agarrado su cepillo de dientes, la toalla de manos, y sale de la tienda.

Lanzo un suspiro, y entonces me doy cuenta de que me he quedado solo. Da lo mismo que sea de día. Da lo mismo que las siluetas alegres de mis compañeros se calquen desde el exterior cuando pasan junto a la tienda y que el sol dé fuerte, porque yo creo que aquí dentro hay algo raro.

Siniestro.

Es como si alguien me acompañara, como si una mano fuera a posarse en mi hombro y a contarme algo más de Zaragoza.

Y siento un escalofrío tal que me pongo en pie de un salto. Agarro mi cepillo de dientes y salgo de la tienda a toda prisa.

—Hola, Manolo —me dice Ferrán. Lleva la boca llena de dentífrico, por eso me lo dice con la «a». Algo así como «hala, Manala». Se cepilla los dientes a conciencia. Para mí que ya ha tenido una caries y sabe lo que es.

—Hola, Ferrán.

—¿Ya estás bien? —me pregunta. «¿Ya astás baan?».

Yo le digo que sí.

Entonces se acerca al lavabo en el que estoy y se enjuaga.

—¿Qué viste? —insiste.

Yo no sé qué decirle porque a estas alturas no estoy seguro de nada, así que me encojo de hombros y él sigue hablando.

—Dice Ahmed que su prima le ha contado que hay una leyenda en estos montes.

—¿Una leyenda? —susurro.

Y él asiente.

—Ayer nos lo contó después de que chillaras y acudiera hasta la policía montada de Canadá —me dice—. Menuda exageración.

—Es que chillé a conciencia. Todavía me duele la garganta.

Pero Ferrán niega con la cabeza y me mira tan fijamente que sé que me voy a arrepentir de escuchar lo que viene a continuación.

—Entonces dijo Ahmed que a lo mejor tenía que ver con lo que su prima le había contado, con lo de la leyenda.

Otra vez con la leyenda.

—Chillé por chillar —balbuceo. Porque algo me dice que no quiero escucharlo, pero él ya ha cogido carrerilla y no piensa parar.

—Dice la leyenda que el espíritu del bosque está enfadado porque han montado aquí el campamento y por eso cada año secuestra a un niño. Se lo lleva... y ya no vuelve a aparecer.

Lo miro con los ojos tan abiertos que pienso que se me van a caer al suelo.

—¿Para qué lo secuestra? —pregunto.

Ferrán se encoge de hombros.

—Y —vuelvo a preguntar—, ¿eso del espíritu estaba en los papeles que enviaron a los padres?

—No lo creo.

—¿Por qué? Deberían ponerlo. Mi madre me estuvo leyendo cuántos extintores había y dónde estaban las salidas de emergencia. ¿Cuentan esas chorradas y no dicen lo del secuestro anual?

Me estoy comenzando a poner nervioso.

—¿Cómo es el espíritu? —insisto.

Ferrán me mira confuso y menea la cabeza.

—Ni idea, macho. Podría ser un león con cabeza de serpiente, o un águila con alas de dragón, o...

—¿Un anciano que aparente cien años, con la raya peinada a un lado?

Me mira sin entender.

—Podría ser. Sería un poco decepcionante, pero podría ser. Dicen que por las noches se pueden ver resplandores en medio del bosque. Es el espíritu que acecha.

José Joaquín se acerca a nosotros.

—¿Qué tal? —me pregunta.

Pero yo me vuelvo hacia mi lavabo y meto la cabeza debajo del grifo.

El resto de día no mejora en absoluto. Al revés.

Nos convocan a una asamblea extraordinaria en un descampado, y nos sentamos sobre troncos. Yo estoy en tercera fila con Pepe, que me está contando el truco que su hermano ideó el año pasado para servirse doble ración de postre en la cantina. A mí la verdad es que no me interesa porque tengo el estómago un poco cerrado, pero le digo que sí a todo.

Guille y sus amigos están en segunda fila a la derecha y no hacen más que volverse y señalarme sin ningún disimulo, así que miro hacia la izquierda y veo a Álex sentada muy cerquita de Ahmed.

No sé qué es peor, porque cuando miro a Guille me duelen los huesos que aún no me han machacado, pero cuando miro a Álex me duele algo muy diferente que hace que no pueda respirar bien.

Alguien sale y se coloca en el centro de todos. Es el jefe de monitores, y nos cuenta que vamos a pasarlo en grande. Después llama a las tres escuelas:

—¡Félix Rodríguez de la Fuente!

Y chillamos los de nuestro colegio. Pepe chilla por mí porque aún me duele la garganta.

—¡Benjamín Benlloch!

Y más ovaciones y aplausos de los del Benjamín.

—¡Y Ausias March!

Más aplausos de los de ese colegio.

Después de revolucionarnos, nos manda callar de golpe y nos explica que va a haber una competición entre escuelas que comenzará el día siguiente. Consistirá en la búsqueda de un tesoro. Para hallar cada pieza del mapa se alternarán desafíos deportivos con juegos de preguntas. Nos avisa de que necesitamos una estrategia y trabajar en equipo, pero no dice nada de que hay un espíritu del bosque que se llevará a uno de nosotros, y tanto secretismo me fastidia.

9

Segunda noche

Cuando termino de cenar voy con un grupito de mi clase hacia la hoguera. Veo pasar a Pepe con dos postres y me hace la señal de la victoria.

Han colocado en el tablón de anuncios información acerca de los deportes y las pruebas a las que tendremos que enfrentarnos, y leo carreras de todos los tipos, búsquedas de pruebas en barro, alguna guarrada más y juegos de trivial.

Podrían habernos especificado qué tesoro es porque a lo mejor resulta que no vale la pena tanto esfuerzo.

Siempre he creído que la gente viene a la naturaleza a relajarse y a hacer el vago, pero de eso nada. Los horarios comienzan por la mañana y siguen hasta por la tarde.

—Podemos ganar esto con los ojos cerrados.

Es la voz de Guille. Se acerca por detrás con Miguel y Pedro.

—El Tortilla chivato.

No sé quién lo ha dicho de los tres, porque ha sonado como un susurro, pero se me clava en los oídos.

¿No te pasa a veces que escuchas claramente los sonidos más imperceptibles, pero no los más fuertes? Por ejemplo, me ha pasado mil veces en el váter: no queda papel y chillo para que me traigan. La abuela está sorda, lo sé, por eso llamo a mi madre y me desgañito. Y el caso es que yo la escucho a ella perfectamente, escucho cómo seca los platos en la cocina, o suspira, o camina, pero ella no me escucha a mí.

Misterio.

A lo que voy: me llaman Tortilla chivato y yo solo puedo ponerme rojo como un tomate, hacerme a un lado, un paso más, después dos... y aprovechar que alguien va en la dirección de mi tienda para esfumarme.

Guille entra en la tienda en el preciso instante en el que dan el toque de queda. Vicen ha dicho que pasaría un par de veces para asegurarse de que está y que ya le convenía estar, ya, o lo mandaría a dormir con los monitores y se le acabaría la fiesta.

Es bueno que Guille esté. Me quedo más tranquilo por si vuelve el espíritu del bosque, pero por otra parte Guille es ya un peligro en sí. ¿No podría convencer al espíritu para que se lo lleve a él?

Yo creo que son tal para cual y que le daría mucho más juego.

—Estarás contento, Tortilla chivato —me dice.

Pues no, no lo estoy.

Se da media vuelta y se tapa hasta las orejas. Fuera escuchamos pasos y susurros. Son estudiantes que no hacen más que ir y venir de aquí para allá, y Guille se va enfadando por momentos.

Puros celos.

Yo creo que allá afuera no queda nadie en su tienda.

A mí me han vuelto a invitar los de la otra clase, pero si viene Vicen a vigilar a Guille, más me vale estar yo también en mi saco.

—Buenas noches —digo a Guille.

—No tientes a tu suerte —me contesta, con rabia contenida. Aprieta los dientes.

Y cuando llevamos así un rato y lo escucho medio roncar, veo de nuevo a ese hombre.

¡El espíritu del bosque!

—No chilles —me advierte.

Está a los pies de mi saco y es una silueta en penumbra. Paso de encender la linterna porque no estoy preparado para verlo desaparecer delante de mis ojos. Es demasiado.

Se le distingue la nariz aguileña y la barbilla le sobresale para afuera. Es alto y le falta

algún diente. Huele a pies, aunque, ahora que lo pienso, a lo mejor es cosa de Guille y mía.

—¿Qué quiere de mí? —le pregunto.

El anciano suspira y menea la cabeza.

—Llevo todo el día pensando en eso mismo —me confiesa.

—No me haga daño —le ruego. Y mientras, por lo bajito, repito: «Guille, Guille, pss, pss, Guille», para intentar despertarlo... pero nada.

—No digas tonterías. No te voy a hacer daño —me dice.

Como para fiarse.

—Pues no me secuestre —suplico.

Y hago un par de gestos con la cabeza inclinándola hacia Guille, a ver si quisiera secuestrarlo a él.

Sé que está mal, pero me gustaría verte a ti en las mismas.

—No te voy a secuestrar, chico —concluye—, ¿de dónde te has sacado esas tonterías?

Tengo demasiado miedo como para decir nada más y, aunque llamo a Guille para ver si se despierta, no hay manera. Tiene el sueño pesado.

—Mira —me dice el extraño—, llevo todo el día dándole vueltas. ¿Qué hago aquí? Y, ¿sabes lo que he averiguado?

Yo niego. No lo quiero saber.

—He averiguado que soy un fantasma.

Se me hincha el pecho de puro miedo. Doy tal bocanada de aire que no me cabe ni el susto.

¡Un fantasma!

Me quedo tan pasmado que no puedo ni seguir llamando a Guille.

El anciano explica:

—Sí. Comencé a sospecharlo cuando intenté darle una patada a un tronco y el pie se me perdió por dentro. Imagina el susto. Pensaba que era cosa del árbol, que era mágico, o un espejismo, a saber... Pero, cuando fui a preguntarle algo a uno de esos jipis que tenéis de monitores, ya me acabé de asegurar. Menudo trauma, chico. Le preguntaba y le preguntaba y ni caso. Y al principio pensé que era un descarado. Llevaba pendiente y esas cosas... Como para fiarse de los que llevan pendientes... ¡Un moderno! Pero no. Y entonces me acerqué a él para darle una colleja y... ¡No le pude dar una colleja!

—Es que no se deben dar collejas —digo, con un hilillo de voz.

—No pude, no, pero lo que sí pude hacer fue pasarle la mano por dentro de la cabeza y rozar su cerebro. Y él ni lo notó, chico.

Trago saliva porque lo que me ha contado no es algo que se pueda escuchar sin tragar saliva.

—Y entonces —continúa—, después de hacerme al disgusto de ser un fantasma, pensé:

«Ramón, ¿qué haces tú aquí? ¿Por qué no estás en el cielo?».

El extraño mira hacia el techo de la tienda y me da un poco de pena entonces. Está más fuera de lugar que yo.

Se rasca la barbilla y dice:

—Pues porque hay algo que tengo que hacer, chico. Algo importante. Y entonces pensé: «¿Qué? ¿Qué tengo que hacer que no haya hecho ya en vida?». Y ahí apareciste tú. ¿Cómo te llamas, chico? Me lo dijiste, pero se me ha pasado, ya ves.

Quiero contestar, pero no puedo. Me pesan los labios y los dientes no se quieren separar entre sí. La lengua busca un hueco para moverse, pero no la dejan.

—Manolo —digo con un hilillo de voz. Suena algo así como «Munulu».

—Mira, Manolo, eres un desastre. Después de observarte me he dado cuenta de que eres una calamidad, chico. Caminas con la espalda encorvada y la cabeza gacha, mirando al suelo. Arrastras los pies, no miras a los ojos a la gente... ¿De qué vas?

Se me levantan las cejas de puro asombro. ¿Se está metiendo conmigo?

Meneo la cabeza. No sé qué decir.

—Tengo un problema de falta de constancia que me impide andar recto —digo al fin.

Se me queda mirando con el ceño fruncido.

—Eso se cura con dos capones —me dice.

Y yo lo miro con la cara de terror más absoluto.

—He pensado —me dice—, que tal vez tenga que enseñarte a ser un hombre, eso es. Un hombre de verdad, hecho y derecho. ¡Yo era un hombre hecho y derecho! Si alguien se portaba mal conmigo, la llevaba clara. Pero es que hoy en día os meten en la cabeza todo tipo de tonterías. Os hacen recoger la mesa y eso acaba con la autoestima de cualquiera, chico. Yo no he recogido la mesa en toda mi vida. Ni pensarlo. Ni me he hecho la cama. ¡Y mírame!

Comienza a hablar acerca de que los hombres no planchan y de un amigo suyo que era un blando porque iba a por los niños al colegio. Tiene mala uva y yo cada vez creo que es menos espíritu del bosque, pero no hay que confiarse. Lo que sí que tengo son pocas ganas de que me secuestre, porque no deja de hablar y resulta pesadísimo, y si me secuestra no va a haber quien lo pare.

—Te gusta una chica, ¿no? La de las pecas. Anda que no se te nota. Pues te las vas a ligar.

Se me abren los ojos más de lo que ya los tengo. ¿Ligármela? Ay, madre mía, este hombre cómo esta. ¿Se me nota? ¿En qué se me nota? ¿Cómo se me va a notar si no hablo con ella?

—Este de aquí —me dice refiriéndose a Guille— no puede llamarte Tortilla chivato, chico. A mí me llama la «tor» de «tortilla» y ya le habría soltado dos pescozones.

Madre mía, qué fantasma más violento.

—Estás de suerte, Manolo, chico, porque he llegado a solucionarte la vida, a ver si eso me sirve de billete directo al paraíso.

Sigo tapado con el saco hasta las cejas, incorporado para ver al fantasma a los pies de mi saco, y Guille se vuelve hacia mí.

—Cállate, Tortilla, que quiero dormir.

—Claro que sí —balbuceo.

—¿Cómo que «claro que sí»? —me dice Ramón, enfadadísimo—. ¡Dile que aquí mandas tú y te merece un respeto!

—No le puedo decir eso —susurro.

—¡Claro que se lo puedes decir! ¡Díselo! —chilla el fantasma. Y se acerca a Guille y, para mi asombro, intenta darle una colleja. Por suerte, Guille ni se inmuta y el anciano maldice de pura rabia.

—¿Qué es lo que no me puedes decir? —pregunta Guille, volviéndose hacia mí.

—¡Ahora! ¡Díselo! —chilla el anciano.

Pero yo no puedo. ¿Cómo es que soy el único que escucha al fantasma? Sus gritos se me meten en la cabeza. Es como si lo tuviera dentro y chillara: «Díselo, díselo, díselo, díselo...».

Y no me queda otra que chillar:

—¡Me da igual que Guille y sus amigos se metan conmigo todo el tiempo! ¡Y que me llamen Tortilla chivato! ¡Me da igual! ¿Entendido?

Y entonces todo se queda en silencio. Guille me mira con los ojos bien abiertos. Ramón ya no está, pero en su lugar una cabeza asoma dentro de la tienda. Es Vicen, la profe, y mira a Guille con cara de pocos amigos.

—Esto ya pasa de castaño oscuro, Guillermo —dice la profesora—. Mañana quiero hablar contigo y con tu pandillita. A ver si se van a ir acabando las tonterías. Nada de *bullying*, ¿entendido? Y ahora, a dormir.

Y se va sin más.

Ramón vuelve a aparecerse y sonríe.

Guille me mira con una cara de cabreo impresionante.

10

El señor Ramón

Cuando sale el sol y abro los ojos, lo primero que hago es mirar a los pies de mi cama a ver si veo al señor Ramón.

Nada.

Guille sigue durmiendo y lo mejor es que me escaquee a lavarme los dientes y asearme antes de que se despierte con ese aire de venganza perpetua que me pone tan nervioso.

No hay nada que pueda decirle que solucione las cosas. ¿Que un fantasma me obligó a chivarme? Si es que en realidad ni siquiera me estaba chivando.

Creo que me va a estallar la cabeza.

La sirena para despertar al resto suena mientras me enjuago. Me miro entonces al espejo. Menudo día me espera. Y por detrás de mi reflejo, veo al anciano.

—Buenos días, chico —me dice.

Me doy un susto de muerte, escupo la poca agua que me queda en la boca y pongo perdido el espejo. Creo que uno no llega a acostumbrarse jamás a ver fantasmas. No sé si sucederá lo mismo con hombres lobo y momias.

—Pero —le pregunto, mientras intento que no se me salga el corazón por la boca— ¿qué hace aquí en pleno día? Pensaba que los fantasmas solo salían por la noche.

—Sorpresa —me responde, encogiéndose de hombros.

—¿Qué quiere? —le pregunto.

Después miro a la derecha y a la izquierda. Comienzan a llegar los primeros estudiantes, pero van a la suya y con ojos entrecerrados por el sueño.

El señor Ramón alza la barbilla y dice muy seguro de sí mismo:

—Ya lo hablamos anoche, voy a hacer de ti un hombre al que no le chille nadie. Y te vas a ligar a...

—No, por favor, lo de ligar, no —suplico.

—Nada de no, chico. Esa muchacha te gusta y la vas a conquistar. A mí no me lo puedes negar porque yo me puedo meter en tu cabeza. Dentro. De hecho, he estado trasteando un poco esta noche mientras dormías.

No me lo puedo creer.

—¿Que qué? —pregunto—. Eso es... eso es... ¡allanamiento de cerebro!

—Tienes las ideas muy desordenadas —me dice—. Es como cuando entras a un bazar y están todas las figuritas en los estantes y piensas: «madre mía, como le dé un codazo a esto sin querer, me cargo la tienda entera». Todo pendiente de un hilo, chico. Cada vez tengo más claro que me necesitas, así que agradece que haya entrado en tu vida, en tu cerebro y donde tenga que entrar.

Yo me toco la cabeza. No me noto diferencias con el día anterior, pero no estoy muy seguro. ¿Sigue siendo el verde mi color preferido? ¿Todavía me gusta meter muchas galletas en la leche hasta formar una pasta? Sí, creo que sí.

—No lo vuelva a hacer —me quejo.

Pero por la cara con la que me mira, sé que volverá a hacerlo un millón de veces más.

Tenemos que estar en las pistas de atletismo a las diez y a mí me tiembla el pulso de pensar que vamos a tener que competir.

No me gusta competir.

No me gusta el deporte en equipo porque soy un paquete. Cuando me pasan la pelota, me pongo tan nervioso que casi siempre se la devuelvo al equipo contrario y me suelo meter gol a mí mismo. Cuando juego solo, no se me da mal... Pero es que no me gusta que...

—No pienses así, chico.

¡Otro susto!

Cuando me vuelvo, el señor Ramón está a mi lado. Y dice:

—Orgullo, chico. El orgullo es la mejor arma y el mejor escudo. Tú eres el mejor y punto. Y lo que tú pienses es lo mejor. Y lo que tú digas. Y si no te entienden, pues lo dices chillando. Eso es lo que hace un hombre.

Miro de reojo al fantasma. Va caminando como si tal cosa, pero cuando pasan dos chicas por el medio de su cuerpo, me acuerdo de que es transparente del todo.

La primera prueba es de velocidad. Nos han distribuido en tres grupos mezclando escuelas y los ganadores correrán entre ellos para ver quién es el vencedor absoluto.

Me coloco en el puesto de salida y espero atento a que den la señal suplicando no ser el último en llegar, que me da mucho corte. Ser el penúltimo no me importa en absoluto, pero ser el último es... Entonces el monitor toca el silbato y corremos. Me siento raro, me siento flotar, me siento... Y antes de que me dé cuenta he llegado a la línea de meta. Cuando me vuelvo, el resto de corredores van por medio campo todavía.

¿He ganado?

¡He ganado!

Ferrán y Ahmed vienen corriendo a felicitarme y veo las caras de admiración con las que me miran los demás. ¿En serio he ganado? Ni siquiera estoy cansado y tengo que fingir que me falta el aliento para disimular.

Álex me mira desde lejos.

Guille también.

Y entonces pienso en el señor Ramón. Puedo verlo sentado sobre una piedra con la lengua fuera y, cuando comienza la carrera de los otros, voy hacia él disimuladamente. El pobre está como si hubiera corrido una carrera de atletismo.

Lo sabía.

—¿Qué ha pasado? —le pregunto.

Le cuesta hablar. Parece agotado.

—Te he dado un empujoncito —susurra—. Te he levantado en los aires y...

—Pero ¿por qué? —digo, presa de un ataque de pánico—. Yo solo quería perder con dignidad. Ahora tendré que correr el resto de carreras y...

—Y ganarlas —replica, muy serio—. Pienso recuperar las fuerzas y darte los empujones que hagan falta. Mover tu cuerpo me ha dejado sin energía. Si no llega a ser por mí... ¡Te iban a adelantar hasta las chicas!

No puedo dar crédito a lo que escucho.

—Claro que me iban a ganar las chicas. No corro nada. No me gusta correr.

—¡A mí en la vida me ha ganado una mujer! —chilla, levantando el dedo. Pero pronto se vuelve a cansar y lo baja, menos mal.

Está muy débil y yo me envalentono.

—Eso es porque o usted hacía trampas o en sus tiempos no las dejaban competir o...

El señor Ramón me mira con cara de pocos amigos y se vuelve hacia mí muy serio.

—Mira, chico, esto me gusta tan poco como a ti pero, si tengo que convertirte en un hombre, no puedo permitirte esas debilidades. Quiero acabar cuanto antes con mi misión e irme de este campo tanto como tú.

—Pero es que yo no quiero ganar —me quejo.

Y me mira como si hubiera dicho la animalada más grande del mundo.

—Por supuesto que quieres ganar. Quieres ganar, pero estás tan acostumbrado a perder que ya no te acuerdas. Te da miedo ganar porque, si ganas una vez, sabrás lo que es y tendrás que seguir ganando siempre. Para ti es más cómodo perder.

Vaya con el discursito. Lo miro y niego.

—Pero es que yo no he ganado. Esto no era ganar, señor Ramón. Ni siquiera estoy cansado. Hemos hecho trampas. Y ganar haciendo trampas...

—Es una manera de ganar —asegura él—. Es ser un hombre, un cazador. Solo te estoy ayudando un poco, intentando que saques lo que llevas dentro. No puedes seguir echando la culpa de tu torpeza a un síndrome que te has inventado. ¿Cómo era? ¿Falta de...?

—De constancia y concentración. Me están dando vitaminas.

El señor Ramón se ríe y dice:

—No vas a necesitarlas cuando acabe contigo.

Y entonces sé que no tengo escapatoria. La próxima carrera la correré contra Guille, que sale todos los días con su madre a hacer una hora de *footing* en el parque.

¡Y contra Álex, que es todavía mejor que Guille!

Así que, cuando llega la hora de la carrera, simplemente no me presento. Me voy lejos y me encierro en uno de los baños del campamento. El señor Ramón está hecho una furia, pero no pienso dejar que me trate como una marioneta.

11

Álex

Por la tarde me siento en la cantina con Ahmed, Ferrán y José Joaquín y jugamos a las cartas.

Les he contado que me ha dado una rotura de ligamentos bidireccionales atómicos en la pierna y que por eso no he podido correr el resto de carreras, pero que ya estoy bien.

Me creen.

Y, mientras me cuentan quién ha ido ganando en las competiciones, a mí me entra un sueño de esos de dormirte andando. Escucho las voces de mis amigos, pero no logro ni reconocer lo que dicen. Me llega todo borroso a los oídos.

—Guille ha quedado el sexto…

—Menuda remontada de Álex, que ha sido la segunda de…

—Es que en ese colegio había nivel…

—¿Estás bien?

Vale, esto último es para mí. Se me han cerrado los párpados, pero, cuando vuelvo a abrirlos un poco, los tres chicos me miran con cara de preocupación.

—Creo que tengo sueño —admito.

—Pero si estás frito, macho.

Es que no les reconozco ni las voces. Me llegan como si salieran de un CD distorsionado: «ooostas froooto, mooochooo».

Así lo escucho yo.

—Creo que me voy a dormir un rato a la tienda —les digo. Pero entre cada una de las sílabas me sale un bostezo.

—Claro, claro.

«Cloooroooo, clooooro».

Y me pongo en pie.

Madre mía, ¡si es que me duermo encima!

A mí esto no me había pasado en la vida. Me pesan las piernas, los brazos, la nuca, las pestañas, el flequillo y los agujeros de la nariz.

Se me cierran los ojos, más, cada vez más, y solo veo tiendas de campaña a mi alrededor, que cada vez son más altas porque me doy cuenta entonces de que estoy caminando de rodillas.

Llega un momento en el que veo una rendija de mundo... y después nada.

Cuando me despierto, estoy bajo la sombra de un árbol. Madre mía, qué siesta más buena.

Es casi la hora de cenar y tengo un hambre terrible. Por el camino veo a los que se dirigen a la cantina y me pongo en pie. Me

desperezo con ambas manos, y entonces veo al señor Ramón durmiendo a mi lado.

Casi me había olvidado de este. Si ya es duro ser adolescente, imagina cuando tienes a un fantasma que se empeña en no sé qué de hacerte un hombre a lo bruto. Así que me alejo sin despertarlo.

Siempre que lo tengo cerca, aparecen los problemas.

Llego al comedor.

—¿Estás mejor? —me pregunta Ferrán.

Ahmed me señala un espacio vacío a su lado y me dirijo hacia él. Está casi todo ya pillado y no me apetece sentarme cerca de Guille y de su mirada asesina.

—Tienes mejor cara —me dicen.

Y la verdad es que me encuentro bastante descansado. Es como si me hubiera quitado un peso de encima, como cuando cuentas un secreto, pues lo mismo. Qué raro.

Cenamos escalopes con patatas fritas y nos reímos de las cosas alucinantes que sucederían si metiéramos a la Hueso con Luis en un videojuego.

Se nos ocurre de todo.

Cuando el comedor comienza a vaciarse, veo a Álex caminando hacia nosotros y a mí se me hace un nudo en el estómago.

El resto no se ha dado cuenta de su presencia. ¿Cómo pueden no darse cuenta de que la chica más impresionante del mundo se acerca?

Me pongo rojo como un tomate y agacho la cabeza para no ver el momento en el que se quede mirando a Ahmed sin poder disimularlo. Siempre hace lo mismo.

—Manolo, ¿podemos hablar un momento?

Eso es lo que dice. ¿Ha pronunciado mi nombre?

¿En serio ha venido hasta nosotros y ha pronunciado mi nombre? ¿Sabe decir mi nombre? ¿Ha salido de sus labios? ¿Ha pasado por sus dientes? El corazón está a punto de salírseme del pecho. Me tiemblan las manos.

Y cuando alzo la mirada hacia ella intentando tragarme lo rojo que estoy, veo en su cara que sería mejor que no lo hubiera pronunciado.

Me observa con mala leche. Con muy mala leche. Aprieta los labios y me fijo en las pecas, las pestañas y la nariz.

—¿Yo? —pregunto con un hilito de voz. «Yu».

Los demás me miran sin entender y alternan las pupilas entre mi cara y la de Álex. Después a mí otra vez y después a Álex. Y a mí de nuevo.

Me estoy mareando más de lo que estoy solo de mirarlos.

Ella ya ha comenzado a caminar hacia la puerta. Me hace una señal para que la siga. Los chicos me miran; sus amigas, en la mesa contigua, cuchichean con cara de mosqueo.

Haciendo un esfuerzo sobrehumano para caminar tras ella, la sigo y, cuando llegamos afuera, está anocheciendo. El sol se pone entre los abetos de las montañas y el paisaje es precioso. La cara de Álex está más cabreada que nunca.

—¿De qué vas? —me pregunta.

No sé de qué voy y me encojo de hombros. Entonces ella saca un papel arrugado de la parte trasera de su pantalón, lo alisa y me lo tiende.

Yo no lo quiero coger, no sé por qué, y en su lugar miro a mi alrededor para ver si hay alguien que pueda estar espiándonos. Estamos solos.

Ella vuelve a tendérmelo. Quiere que lo agarre, pero es que yo no soy capaz de agarrarlo. No la he tenido tan cerca en toda mi vida.

—¿Por qué me has escrito esto? —me pregunta.

Yo frunzo el ceño. Yo no he escrito nada... Pero entonces veo mi firma y algunas palabras saltan a mis ojos. Ella abre el papel y yo casi me caigo al suelo de la impresión, porque es una carta escrita por mí... para ella... ¡de amor!

¡Ay, madre mía!

«[...] Eres muy guapa y por eso creo que deberíamos salir juntos...»

«[...] Te llevaré al cine y por supuesto pagaré yo, no como otros...»

«[...] Ahmed no es de aquí y no creo que te sepa comprender. Tendrás que convertirte a su religión, o te llevará a su país...»

A medida que leo, las letras se alargan y se distorsionan antes de colarse en mis retinas. Las oes se estiran en elipses y se quedan siendo líneas, las efes se vuelven tan altas como árboles, la A de Ahmed se me enrosca en la nariz.

Estoy volviendo a marearme.

—¿De qué vas? —vuelve a preguntarme.

—Yo no he sido. Ha sido...

Y entonces Álex se enfurece. Se lleva las manos a la cabeza.

—¡Eres un mentiroso, Manolo! —chilla—. ¡Pero si me has dado la carta en mano!

De repente sus amigas se acercan. El tono de Álex las ha advertido de que algo no va bien, aunque estoy seguro de que estaban al tanto de la conversación.

—Qué morro —dice una.

—Es que es muy fuerte —se queja otra.

—Ahora lo niega...

Las escucho de refilón, sin mirarlas, porque no puedo apartar los ojos de Álex. Ella se acerca un paso hacia mí y me mira tan fijamente que creo que estoy hasta hipnotizado.

—Yo no he sido —insisto.

Y ella hincha el pecho.

—Manolo, ¿me estás diciendo que no has venido hasta nuestra tienda, has abierto la cremallera sin pedir permiso, has asomado la cabeza y me has dado esta carta?

—Pero yo estaba durmiendo la siesta... Yo...

No entiendo nada. Es imposible que yo le haya dado esa carta. Menos que la haya escrito.

Y las amigas de Álex se echan a reír.

—Ahora resulta que estaba sonámbulo.

—Escribía sonámbulo.

—O poseído por un espíritu...

Y entonces lo comprendo.

Ya sé quién ha escrito la carta: ¡el señor Ramón! ¡Por eso estaba tan cansado!

¡No me lo puedo creer!

Se me abre tanto la boca que pienso que se me va a caer al suelo.

—¿La puedo ver? —pregunto a Álex con un hililllo de voz.

Y a ella esta pregunta la enfurece muchísimo porque debe de estar pensando que me burlo de ella, así que rompe la carta en mil pedazos tirando por lo alto. Hace un gesto como para arrojármelos sobre la cara como si fueran confeti, pero piensa en el medio ambiente y los arroja a la papelera más cercana.

—Y quiero que sepas —dice, con los ojos que se le van a salir del enfado que lleva—, que no pienso salir contigo para que me pagues las cosas. Que te has pasado la vida ignorándome y siendo un rancio. Pasaste de mí de pequeños. Y que no es asunto tuyo quién me gusta ni de dónde es.

Y con las mismas se va seguida de sus amigas, que se encargan de que sepa lo enfadadas que están volviéndose hacia mí y haciendo una mueca de disgusto.

Yo me siento como si me hubiera pasado una apisonadora por encima y, cuando me vuelvo hacia el comedor y veo a Ahmed y a los otros mirándome con cara seria, sé que no hay solución para lo que ha pasado.

12

Recapitulación de enfadados

Se ha hecho de noche y escucho al resto cantar alrededor de la hoguera, pero yo me escabullo del grupo y camino por el campamento. Tengo que encontrar al señor Ramón y decirle cuatro cosas. ¡O más!

¿Dónde se ha metido este fantasma?

Lo busco en mi tienda, en la zona de asambleas, en la de las cocinas, entre las tiendas de campaña... Y, cuando ya pienso que se ha esfumado para siempre, lo veo saludarme desde un grupo de árboles cercanos.

—¿Cómo ha ido, chico? —me pregunta. Y sus ojos parecen expectantes—. He estado recuperándome... No imaginas la cantidad de energía espectral que he necesitado para todo lo que he tenido que hacer: escribir la carta, caminar hasta la tienda de la chica... Pero, bueno, ahora cuéntame. ¿Ya sois novios? ¿Se ha olvidado del moreno?

No me puedo creer que esté hablando en serio.

—¿Cómo ha podido hacerme esto? —le pregunto.

Él se pone muy serio. Parece sorprendido por mi reacción.

—Te he hecho un favor. No te hubieras atrevido a decirle nunca nada. Los hombres...

¡Otra vez los hombres!

—¡No me hubiera atrevido nunca porque ni le gusto, ni he hecho nada nunca por gustarle!

Lo digo tan rápido y tan alto que la frase se lleva toda la energía que guardo dentro, y tengo que apoyarme en un árbol.

El señor Ramón me mira sin entender, pero no dice nada.

—Me ha metido en un lío —digo—. Y ahora Ahmed...

—El marroquí —me interrumpe.

—¡Español! ¡Es español! Y, aunque fuera marroquí, ¿qué pasa? Era mi amigo.

Otra vez se me va la fuerza. Y me siento en el suelo.

—Te estaba quitando a la chica —replica.

—No me estaba quitando a nadie. Nadie es de nadie. ¿Es que no le enseñaron eso antes de morirse?

Me mira con el gesto impasible pero la sonrisa se le tuerce para abajo. Me mira y niega.

—Eres un crío —dice—, y no sabes nada. ¡Claro que las personas son de otras personas! ¡Claro que hay que tener mano dura y disciplina! ¡A uno tienen que respetarlo! ¡Yo tenía personas! ¡Mis hijos eran míos porque tenía que alimentarlos! ¡Y mi mujer era mía, claro que sí! ¡Hasta mis empleados eran míos! ¿En qué mundo vives, que no sabes eso? ¿Un mundo de algodón de azúcar? ¿No sabes nada de la vida?

Y ya no aguanto más.

Primero hace que Guille me coja más tirria de la que ya me tiene, después... Álex y... Ahmed y...

Ni siquiera me salen los pensamientos y siento cómo se me forma un nudo en la garganta.

Aprieto los ojos para que no me salgan las lágrimas, y entonces el señor Ramón se queda muy callado.

—Ni se te ocurra llorar, chico. Los hombres no lloran, eso sí que no. Se tragan las lágrimas y aprietan y siguen y...

Pero yo ya no puedo más y solo quiero alejarme de él y de su voz. Me meto entre los árboles, pero sigo escuchándolo.

—¿Crees que a mí no me apetecía llorar cuando dejé la escuela? —le escucho decir por detrás de mí—. Mis padres me pusieron a trabajar con ocho años. ¡Ocho años!

Y por más que camino no hay manera de librarme de él. Paso entre matorrales e intento ocultarme en los troncos, pero es un fantasma, y su voz fantasmal salta por encima de los obstáculos y se me clava en la cabeza.

—¡Y cuando no teníamos qué comer! ¡No he llorado ni de hambre!

Me duele la cabeza y me tapo las orejas para no tener que escucharlo. Me va a taladrar el cerebro. Por eso echo a correr, y corro más, y me alejo más, sin darme cuenta... hasta que me detengo y solo tengo abetos altos a mi alrededor.

Estoy completamente perdido.

Madre mía. No tengo ni idea de dónde estoy y, cuando miro al cielo, no me acuerdo de cuál es la Osa Mayor ni la Menor ni la de en medio. No me acuerdo de si apuntan al norte o al sur.

Estoy perdido.

Y la voz del señor Ramón se calla también.

—¿Dónde estamos? —me pregunta.

Y yo me vuelvo hacia él:

—¿No lo sabe tampoco? Usted es un adulto, debería saber dónde estamos todo el tiempo.

Pero, por su cara, creo que no lo sabe tampoco.

Está oscuro. Menos mal que la noche está despejada y la luna está redonda y blanca como una perla. La claridad nos viene la mar de bien.

—Los adultos nos perdemos, claro que sí —me dice el señor Ramón—, y sabemos encontrar el camino. ¡Sin llorar!

Bueno, por lo menos me va a servir para algo... Aunque, si no lo hubiera conocido nunca, no me habría perdido y no tendría que contar con él para volver. Me seco las lágrimas y me quedo mirándolo.

—¿Hacia dónde vamos? —le pregunto.

Parece concentrado y tiene la mano puesta en la barbilla.

—¿No podría volar por encima de los árboles para ver el campamento? —insisto.

Y niega.

—¿Quién te crees que soy, Campanilla?

Vale, no puede volar.

—¿Y teletransportarse para pedir ayuda?

Vuelve a decir que no con la cabeza.

—Por una extraña razón, no me puedo separar mucho de tu lado, chico.

Pues menudo alivio.

Suspiro.

La única ocasión en la que podría venirme bien tenerlo a mi lado no me sirve de mucho.

Y entonces me dice:

—Pero no te preocupes, que te voy a sacar de aquí. Anda que no tengo yo orientación, chico. Recuerdo que, durante una de las batallas, estábamos escondidos en las trincheras y el enemigo venía a por nosotros. Uf, avanzaba deprisa.

—¿Estuvo usted en la guerra?

—En la Segunda Guerra Mundial, siendo un crío. No luché, pero tuve que esconderme con mi familia. Vivíamos en Francia.

—¿Es usted francés?

—Mis padres eran emigrantes, chico. Cuando miro estos abetos, tan altos, me recuerdan a mi niñez. Pasamos tres días mis hermanos y yo perdidos en un paraje como este. Temblábamos de frío y de miedo.

—Vaya.

El señor Ramón me mira y asiente. Después echa a caminar por delante de mí. Parece decidido y yo tengo ganas de volver con los otros.

13

Perdidos

—Ya hemos pasado por este árbol, señor Ramón —digo. Y se me escapa un suspiro, porque llevamos ya como hora y media dando vueltas.

—Imposible —replica—, eso lo dices porque todos los árboles te parecen iguales. Si tú hubieras estado a la intemperie con tus hermanos, sabrías de bosque. ¿Tienes hermanos, Manolo?

Estoy demasiado cansado como para contestar. Me duelen los pies por dentro y por fuera. Me duelen hasta las zapatillas. Y tengo frío.

Y hambre.

El frío me da hambre y el hambre me da frío.

—¿Tienes hermanos? —vuelve a insistir.

A cabezota no le gana nadie.

—No tengo hermanos, no.

Y parece satisfecho, como si mi respuesta resolviera un enigma iniciado por los iberos cuando estuvieron en España.

—Por eso eres tan blandito. Estás muy mimado.

Vuelvo a suspirar y me encojo de hombros. No quiero discutir. A estas alturas, con tal de no hablar, me dejo llamar lo que quiera.

Me mira de reojo. Parece decepcionado porque quería pelea, así que continúa diciendo:

—Los chicos de vuestra generación lo tenéis todo. Un montón de juguetes, muchos. Y os podéis pasar las tardes sin hacer nada, ahí, tumbados frente al televisor...

Dice muchas más cosas, pero es que yo no sé a qué chicos de mi generación se refiere porque, vale que veo la tele, pero después de todas las extraescolares, los deberes, los trabajos y de estudiar para los exámenes.

—Por aquí ya hemos pasado —me limito a decirle. Y es que estoy segurísimo, porque hay una boñiga enorme en el camino, tan grande como la de un oso polar, y ya la he saltado dos veces. Es inconfundible. Tiene un trozo empinado para arriba y el mogollón es como un círculo perfecto.

—No hemos pasado por aquí, chico —se queja.

Pero como sé que tengo razón, me quedo parado y señalo la caca.

Se vuelve a mirarme.

—¿Qué te pasa ahora? —me pregunta.

No quiero contestar y me limito a señalar.

Entonces él se acerca y me dice:

—Qué guarro eres, chico.

—Ya hemos pasado por aquí —insisto.

Y niega.

—Sé dónde vamos —dice muy serio.

—Estamos perdidos —replico yo.

Y el señor Ramón da un paso hacia mí y yo doy un paso hacia el señor Ramón. Nos miramos a los ojos, desafiantes, y es entonces cuando veo la luz.

Le brilla la cabeza.

Pero después descubro que no es que le brille la cabeza, sino que hay algo que brilla por detrás de él.

¡No estamos perdidos!

Se me escapa una sonrisa enorme y entonces el anciano me mira extrañado.

—¿Te has quedado tonto? —me pregunta.

No me ofende lo que me diga.

—¡No estamos perdidos! —chillo de absoluta felicidad.

Entonces él se vuelve y ve la luz también. Lanza una risotada, para fastidiarme.

—Te lo dije, chico. Te he llevado de vuelta al campamento. Dije que lo haría y soy un hombre de palabra.

Ooooootra vez con la palabra «hombre».

Echa a caminar hacia el campamento, pero yo no me muevo del sitio.

—¿A qué esperas? —me recrimina—. ¿Todo el rato quejándote y ahora no quieres volver?

Lanzo un suspiro.

—Claro que quiero volver, pero no quiero que me acompañe. No quiero volver y que me meta en líos de nuevo. Ya no me queda ni un amigo. Creo que prefiero apañármelas solo.

El señor Ramón pone los brazos en jarra y me mira.

—Desagradecido —me dice—, después de lo que he hecho por ti... ¡Soy una ayuda divina!

Pero estoy más que seguro de que no quiero saber nada del señor Ramón.

—¿No puede irse y ya está? —le pregunto.

Y se muerde los labios.

—No te preocupes —dice de lo más ofendido—, que no pienso ayudarte nunca más. Aunque tenga que vagar por la Tierra como un espíritu errante por los siglos de los siglos. No mereces la ayuda que te he prestado porque eres un zoquete.

¿Zoquete?

Vale, pues adiós. Echo a caminar y lo atravieso para alejarme. Si piensa que me voy a disculpar por algo, está apañado.

No pienso ni hacerme el ofendido porque no hay mayor desprecio que no hacer aprecio y...

—¡Eso del aprecio es una tontería! —me dice de lejos.

—¡Deje de leerme el pensamiento! —chillo.

Y continúo caminando.

¡Menos mal que no me sigue! ¡Menos mal que ya me he librado de él! ¡Menos mal que...!

Pero hay algo que me huele raro.

Esto no es el campamento.

Conforme me acerco, me encuentro con que son un par de cabañas. Están totalmente a oscuras, pero de repente dentro de una de ellas se enciende una luz muy intensa y blanca. Después se apaga y se vuelve a encender.

A mí me entra un escalofrío y me quedo parado en el sitio.

La luz de dentro es tan intensa que con cada fogonazo se ilumina todo alrededor, y entonces veo un par de furgonetas negras.

Da miedo, como cuando te acercas a una casa encantada. ¿Dónde estoy?

Y entonces siento que me agarran por detrás y, cuando intento volverme, veo tras de mí una figura grande y oscura con los ojos muy blancos, y sé que acaba de atraparme el verdadero espíritu del bosque.

14

Los espíritus del bosque

Y aquí estoy, encerrado en una especie de sótano que huele a calcetines mojados. Y a viejo. Y a oscuro.

Está lleno de trastos y hay muchas telarañas.

Las paredes son de ladrillo y no hay más que una ventanita alta por la que se cuela un trozo de cielo.

El sótano es tan grande como mi casa entera. Ay, mi casa... Cómo la echo de menos. Echo de menos el hule roto de la cocina, la puerta que chirría, el muelle del sofá... Esas pequeñas cosas que aprecias cuando te encierran prisionero en un sótano en medio del bosque.

Ahora es cuando debería echar mano de todos los datos que, astutamente, he observado mientras me traían a mi encierro: cuántos hombres son, qué hacen, si llevan bigote o barba o algún tatuaje distintivo, como siempre dicen en las series de televisión: si van armados o son confiados... Pero lo malo es que desde que me agarraron allá fuera no he hecho más que cerrar los ojos, chillar y hacerme el muerto a ver si me dejaban tirado por el bosque.

Hay unas escaleras que suben hasta la puerta, pero no me he acercado a ellas. No es que esté cansado. Es miedo.

Y paso más miedo cuando comienzo a escuchar ruidos.

Madre mía.

Vienen de un rincón oscuro lleno de suciedad. Podría ser una rata... o una serpiente... o algo todavía más grande que se coma a las serpientes... ¿Por qué no prestaría atención cuando explicaron la fauna silvestre los del campamento?

Se me congela la respiración mientras me quedo mirando a ver qué maldad sale de entre las sombras. Los ojos se me van abriendo poco a poco, sin control. Pronto se me caerán al suelo.

Y entonces lo veo... Es una silueta semitransparente que tiene forma humana. Camina hacia mí, y parece un anciano que...

¡Señor Ramón!

Estoy tan asustado que ni siquiera me sale el nombre para chillar, y me agarro el corazón para que no se acabe de salir por la garganta, porque yo sé que, si no me lo agarro, se me sale.

—Manolo, que esto no es el campamento —me dice.

Y yo lanzo un suspiro enorme que hace que los hombros se me caigan para abajo.

—No me había dado cuenta —digo, irónico.

Pero sabe que lo digo sarcásticamente porque se limita a sentarse a mi lado y me mira con lástima.

—Tienes que salir de aquí —dice para tranquilizarme—. Estos tipos son muy peligrosos.

Yo niego.

—Nadie que viva rodeado de una naturaleza tan bonita puede tener mal corazón —le replico.

—Chico, a menos que... seas un falsificador de billetes de cinco euros y estés de incógnito. Eso te hace peligroso e incontrolable. Arriba tenemos a tres.

Me quedo mirando al señor Ramón como si hubiera hablado en chino.

—¿Cómo que falsificadores?

El señor Ramón se pone en pie, muy serio, y comienza a flotar por la habitación.

—¿No has visto el resplandor de las fotocopiadoras? —me pregunta.

—¿Se puede fotocopiar dinero así como así?

—No, chico, no. Son fotocopiadoras especiales. Especiales para imprimir dinero falso.

Madre mía. Claro. Ahora todo tiene sentido... ¡No hay ningún espíritu del bosque! Son estos tipos que se ocultan en el bosque para imprimir billetes.

Esto es más serio de lo que parece porque entonces se trata de delincuentes.

—Tenemos que salir de aquí, señor Ramón —le digo.

Y entonces se me queda mirando a los ojos. Por un momento siento que está preocupado por mí y entonces me asusto un poco más.

—Sube la escalera —me ordena—, y mira si puedes abrir la puerta. Yo voy a ir por delante de ti y te indicaré cuando el camino esté libre.

Que el hecho de tener que confiar en el señor Ramón sea la única manera de salir de esta hace que me tiemblen las piernas.

Me pongo en pie, resoplo, subo los escalones, llego arriba y, como es lógico y normal en estos casos, la puerta está cerrada.

El señor Ramón mete la cabeza por dentro, de manera que le desaparece al otro lado, y vuelve a sacarla.

—Es una doble cerradura con pasantes de hierros. No vamos a poder abrirla ni a golpes.

El fantasma vuela por la habitación y se dirige a la ventana. Es demasiado estrecha, eso lo sé yo desde el principio, pero él me mira y mira a la ventana, vuelve a mirarme y a la ventana de nuevo, y a mí y a la ventana otra vez...

—No cabes —dice.

Y menos mal que lo dice, que ya me veía yo intentando pasar los hombros por ella, que a cabezón al señor Ramón no le gana nadie.

Se nos acaban las opciones. No se puede por la puerta y tampoco por la ventana.

—Por aquí, chico —me dice el señor Ramón.

Está señalando un agujero en la pared y yo me acerco lentamente.

—¿Qué es eso? —le pregunto.

—Los conductos de las tuberías y la calefacción. Por suerte, está apagada y podrás pasar por dentro.

Miro hacia la ventana. A lo mejor, si aprieto mucho los hombros contra la barbilla...

—Yo no puedo subir por ahí.

Está lleno de telarañas, oscuro... ¿Y si me aparece un... fantasma? Bueno, no creo que debiera preocuparme por eso yendo con el señor Ramón, seguro que entre ellos se hacen favores y esas cosas... A menos que se trate también de un fantasma delincuente.

Mejor no pensar.

—Pero —me quejo de nuevo— ¿a dónde lleva esto?

El anciano desaparece por el conducto y al segundo vuelve a aparecer.

—Llega hasta el salón, pasa justo por debajo del techo, donde están colgados los focos de luz, por encima de las fotocopiadoras. Luego alcanza la cocina y sale desde allí.

¿He escuchado bien? ¿Tengo que pasar por encima de donde están los delincuentes cometiendo delitos?

—Yo no voy, señor Ramón —decido, cruzándome de brazos—. Soy un niño y estoy seguro de que no van a hacerme nada. Igual si me quedo dormido, me despierto mañana en el campamento. O en mi casa.

El fantasma tuerce la boca y frunce el ceño. Se agacha hasta que su nariz larga y hecha de polvo se une con la puntita de la mía.

Me pongo bizco.

—Mira, chico, a los niños también les suceden cosas si se quedan de brazos cruzados. A tu edad yo ya estaba trabajando y mi jefe me daba bofetones. ¿Entiendes? Es hora de que hagas algo y te pongas en marcha, porque las cosas no van a sucederte simplemente porque las merezcas, por muy salado y muy gracioso que diga tu madre que pareces.

No sé qué me pasa, pero es nombrar a mi madre, y noto que se me empañan los ojos. La boca se me tuerce para abajo. Estoy haciendo pucheros y, vale que no quiero hacerlos, pero me salen solos sin control.

—No te me pongas a llorar ahora —me advierte.

Pero no es algo que yo pueda parar.

—Y, ¿cuándo quiere que llore entonces? Este es un momento estupendo para hacerlo. Me han secuestrado y mi única ayuda es un fantasma muy borde que quiere que pase por encima de los malos metido dentro de un tubo de aire acondicionado.

El señor Ramón vuelve a fruncir el ceño.

—Sé lo que te conviene y, si no te metes, juro que durante todo lo que te queda de vida...

No le dejo ni terminar la frase.

Me meto, que es muy pesado. Y en cuanto estoy dentro, en la oscuridad con los tubos, lloro un poquito más, me seco las lágrimas y comienzo a trepar.

15

El conducto

Está oscuro y el señor Ramón me hace de farolillo. No hace más que intentar que vaya más deprisa o más despacio o más de otra manera porque, según él, todo lo hago mal.

Se puede trepar fácil. Hay unos escalones clavados a la pared y solo hay que agarrarse, lo que pasa es que dan mucha impresión porque hay telarañas que se te pegan entre los dedos, y entonces yo me pregunto si se habrá quedado la araña en mis manos también, y me da mucha dentera y bajo dos escalones de golpe.

El fantasma está fino conmigo.

Y cuando llego arriba del todo, veo que a partir de entonces voy a tener que avanzar por plano. El suelo parece de papel de aluminio y, cuando me pongo a cuatro patas y apoyo la mano en él, es como si se fuera a romper.

—Yo creo que esto no aguanta, señor Ramón.

El fantasma observa el tubo.

—Sí que aguanta.

—Yo creo que no.

—Pues es que sí.

Vale, Manolo, tranquilo. Es un ser de ultratumba, seguro que entiende de estas cosas. Por debajo de mí escucho voces que llegan muy lejanas. A veces se ríen. Tienen risas de malvados. Y otra vez llegan esos reflejos de luz. Se cuelan por entre las costuras del tubo.

Apoyo la otra mano y siento cómo el suelo se hunde un poco.

—Eso es normal, chico —me tranquiliza el señor Ramón.

Vale.

Y apoyo una rodilla, y la otra, y pronto estoy sobre el tubo de papel de plata. Se mueve mucho, como si estuviera a punto de romperse.

—Avanza, chico.

Jolín con el «avanza, chico». Muevo la mano hacia delante, después la rodilla, y la otra mano y así voy poco a poco, hasta que ya no hay marcha atrás.

—¿Seguro que esto no se está hundiendo? —pregunto al señor Ramón en un susurro.

Y entonces noto que el suelo se abre bajo mis pies, tal cual como se rompería un trozo de papel, y caigo al vacío.

—¡Señor Ramón! —chillo.

Pero no lo veo por ningún lado. El conducto se rasga y yo siento los fogonazos de las fotocopiadoras en los ojos. Veo la habitación, las paredes… y entonces caigo sobre los hombros de uno de los delincuentes.

Les doy un susto de muerte y al principio chillan y se llevan las manos a la cabeza y lanzan insultos al aire, pero no tardan en

recuperarse y me agarran por los pies y por las manos.

Al que le he caído encima me mira con los ojos desorbitados.

—¡El mocoso! —me chilla.

—¿No estaba encerrado? —pregunta el otro.

—Sabandija rastrera —me insulta un tercero. Es el insulto más raro que he escuchado en la vida.

Me tienen otra vez agarrado.

—Esta vez no se va a escapar.

Yo los escucho hablar y sus voces se me mezclan en la cabeza. Los tres son grandes, con caras de malos y cicatrices en la cara. Uno tiene más pelo que los otros, pero en lo demás parecen hermanos.

Son feos.

Yo me intento resistir, pero no sirve mucho, y pronto estoy atado y amarrado en un rincón.

—Vamos a tener que deshacernos de ti —me dicen muy serios, y vuelven a las máquinas y se alejan.

Sonrío al verlos marcharse. Por primera vez veo los billetes. Hay muchísimos y salen cada vez más por las máquinas. Los hay cortados y sin cortar. Es entretenido. Es...

—Manolo, ¿estás bien?

Me vuelvo y veo al señor Ramón. Está a mi lado. Me dice:

—Menudo guantazo te has dado, chico. Menos mal que le has caído al gorila encima. Pero ¿se puede saber de qué te ríes?

Y entonces se lo digo:

—Se van a deshacer de mí, señor Ramón. Así que van a llevarme al campamento.

Y entonces el fantasma abre los ojos, horrorizado, y menea la cabeza.

—Manolo, ¿tú no has visto películas de gánsteres, chico?

Vale, ¿a qué viene esa pregunta? Claro que he visto, y un montón, y cuando en una peli de gánsteres los malos dicen que se van a deshacer de uno, entonces eso quiere decir que...

De repente me falta el aliento. Me quedo mirando al señor Ramón y él me dice que sí con la cabeza.

—¿Cree que se van a deshacer mucho de mí? —le pregunto.

—Tenemos que escapar —me dice, muy serio—. Si alguna vez has tenido que comportarte como un hombre, ese momento...

¡Otra vez con lo del hombre!

Y yo niego.

—Es que, señor Ramón, cada vez que me comporto como un hombre acabo en un lío más gordo.

16

En peligro

El señor Ramón y yo discutimos largo y tendido acerca de cómo escapar del atolladero en el que estoy, pero es que no lo tengo fácil.

Estoy atado a una silla y apenas me llegan los pies al suelo. Estoy rodeado por unos bidones grandísimos y pesadísimos en los que pone «tinta de la mejor calidad al mejor precio». Es la que están usando para hacer los billetes.

Menudo morro, no hacen más que salir billetes y usan de la tinta baratera.

—Lo tengo —dice el señor Ramón señalando el rincón.

Yo no sé lo que tiene y solo veo un enchufe con un cable muy gordo.

—Esto —me explica, de lo más contento—, es el enchufe de las fotocopiadoras. Si las apagamos...

—Se enfadarán más y se desharán de mí antes y con más entusiasmo.

El señor Ramón niega, ofendido.

—Chico, no sabes nada de la naturaleza humana. Si logramos desenchufarlas, pensarán que hay un fallo técnico y se culparán los unos a los otros. Los desestabilizaremos. Después se marcharán a por recambios de algo, porque siempre la gente suele irse a por recambios de algo, y, cuando nos dejen solos, huiremos.

Yo lo miro nada convencido.

—No lo veo claro —le digo.

Y entonces se pone a hacer aspavientos. Levanta las manos y las piernas y chilla que yo es que soy muy vago y que no agarro el toro por los cuernos y que no tengo iniciativa.

Me echa tal sermón que accedo a hacerle caso para que se calle, así que doy saltitos para atrás con la silla, me acerco al rincón y, como llevo las manos atadas a la espalda, el señor Ramón me indica dónde está el cable, cómo estirar y... en un segundo arranco el enchufe del sitio y las máquinas se detienen.

Lo que pasa a continuación demuestra que los delincuentes no tienen ningún conocimiento de la naturaleza propiamente humana, porque se vuelven a mirarme, fruncen el ceño, aprietan los puños y corren hacia donde yo estoy.

¡Madre mía!

—¡Señor Ramóóóóón! —chillo.

Pero uno de esos hombres me agarra por los hombros y me levanta con silla y todo.

—Mequetrefe —ruge, mientras su compañero se apresura a poner las máquinas en funcionamiento de nuevo—, nos has hecho perder mucho dinero. ¡Este es tu fin!

Y entre él y su compañero o hermano o lo que sea me agarran y me llevan fuera de la cabaña. Abren la puerta de atrás de una de las furgonetas y me lanzan dentro. Después la puerta se cierra por detrás de mí.

Madre mía, qué morrón me doy contra el suelo.

Los dos hombres discuten afuera. Las palabras sueltas que me llegan hacen que se me pongan los pelos de punta: «barranco», «al río», «ladera abajo».

Y entonces, cuando más asustado estoy, aparece el señor Ramón de la nada.

—Chico, pues no han reaccionado como esperaba.

¡Esto es el colmo!

—¿Es eso todo lo que va a decir? ¡Van a deshacerse de mí, y todo ha sido por su culpa!

Pero la cara del señor Ramón está tan abatida que no me atrevo a decirle más. No lo había visto nunca tan triste.

—Lo siento —me confiesa—. Te he metido en un lío. Yo, chico, solo quería que fueras fuerte, que estuvieras por encima, pero parece que eso no funciona.

—No funciona nada de nada —refunfuño.

—Me recuerdas a mis hijos, chico. Eran como tú. No se dejaron aconsejar y... se fueron. Cada uno quería vivir a su manera cuando solo hay una manera: o comes o te comen, eso es lo que a mí me enseñaron...

—Y hay que ser un hombre —digo irónicamente—. Pues menos mal que se fueron, señor Ramón, porque si no, acaban en un lío como el mío, ya me ve.

Y entonces recordamos mi situación, que está bastante complicada. Los hombres de afuera ya han llegado a un veredicto y no quiero saber cuál es.

Sorpresa.

Escucho cómo se abren la puerta del conductor y la del copiloto, y los dos hombres entran. Son gigantescos. A mí me entran escalofríos por todas partes y el miedo me sube por la espalda. ¿Es el fin?

Y cuando escucho la llave girar en el contacto, a punto de partir hacia mi futuro más incierto, escucho que detienen el vehículo de repente y le dice uno al otro:

—¿Qué es eso?

Y el otro le contesta:

—Son... no sé... Parecen...

—¡Son críos! ¡Vienen por el bosque, por todas partes!

Un momento, ¿críos?

El señor Ramón se asoma por la ventana y yo espero impaciente a ver qué es lo que ve:

—¡Son tus amigos! —grita, mientras se le escapa una carcajada—. ¡Ahí está la chica que te gusta!

—¿La chica? —pregunto, impaciente por ver. Pero es imposible desde el suelo.

—¡Y tu amigo musulmán! ¡Y el listillo! ¡Y tu compañero de tienda!

—¿Cómo? —pregunto, incrédulo.

Y el señor Ramón se vuelve hacia mí con la sonrisa abierta en la felicidad más absoluta, y me dice:

—Han venido a por ti, chico. Van a rescatarte.

—¿Álex también? —pregunto.

Y, cuando dice que sí, creo que me voy a desmayar de la emoción.

17

El rescate

Los dos matones se miran y aprietan los labios.

—Cuando acabemos con estos, volvemos contigo —me amenazan.

Yo no digo ni pío. Abren la puerta, y se cuelan entonces chillidos de guerra en la furgoneta. ¿Es esa la voz de Pepe? Los matones bajan a todo correr, cierran la puerta de nuevo, y yo me quedo aguantando la respiración para no perderme detalle de nada.

¡Me rescatan!

Yo no sé si has estado alguna vez encerrado en un coche esperando a que te tiren por un barranco, pero te digo yo que no hay mayor satisfacción en el mundo que escuchar que te rescatan.

Después de la tranquilidad inicial, siento como una corriente que me va de cabeza a pies, como si de repente fuera más fuerte y estuviera más vivo.

Me revuelvo en la silla, miro a mi alrededor y veo una navaja en el suelo, al lado mío.

Es lo bueno que tienen los delincuentes, que se dejan las armas por ahí y a veces se les puede hacer uso.

—¿Qué haces, chico? —pregunta el señor Ramón.

—Pienso ayudarles a rescatarme —digo de lo más convencido.

Entonces sonríe y me anima.

—Muy bien.

Agarro la navaja e intento rasgar la cuerda, que está a mis espaldas. No veo mucho, y he de decir que no es tan fácil como parece... Anda que no hay que hacer fuerza. Se necesita una constancia de hierro y mucha concentración, pero yo no desisto. Escucho chillidos lejanos y el señor Ramón me va retrasmitiendo lo que ve afuera.

—Un grupo de chicas se ha subido a la chepa de uno de los delincuentes... Tus amigos han roto no sé cuántos cristales... Esos que te llamaban Tortilla están corriendo tras otro de los malos... No, espera, ahora es al revés.

Con cada cosa que dice me entran más ganas de desatarme. Qué navaja más poco efectiva. Me duelen los músculos de las muñecas y el del antebrazo. Con cada movimiento noto cómo se hincha y se deshincha.

Ufff.

—Muy gracioso, chico, la chica que te gusta ha abierto la puerta del chalé a base de patadas.

Madre mía, Álex, qué maja.

Y, cuando por fin tengo las muñecas libres, me pongo en pie de un salto, salgo de la furgoneta con otro salto, y me planto junto a la entrada de la cabaña.

No hay nadie.

—¿Dónde están todos? —pregunto.

Doy una vuelta sobre mí mismo. Solo se escuchan los grillos. Ni siquiera está conmigo el señor Ramón.

—¿Hola? —pregunto—. ¿Hay alguien?

Y de repente la cara del fantasma se materializa frente a mi nariz. Doy un bote del susto y me pongo bizco.

—Han apresado a tus amigos —susurra—. Están todos dentro y la cosa pinta fea.

—¿Que han qué de qué y la cosa pinta qué? —tartamudeo.

Mira que me ha durado poco la emoción.

No puede ser que los hayan atrapado a todos. Me acerco corriendo a la puerta y el fantasma se planta delante de mí. Me paro en seco.

—Chico, no te puedes acercar. Tienen pistolas. Lo mejor sería que fuéramos a la policía y...

Entonces niego.

—Señor Ramón, no podemos ir a la policía porque recuerde que estamos perdidos en el bosque. ¿Lo recuerda? No sabemos por dónde han venido los otros ni dónde está el campamento.

—Chico, es muy peligroso —insiste.

Pero me da igual.

—¿Y si deciden deshacerse de ellos como iban a hacer conmigo? No podemos esperar para salvarlos.

Y comienzo a caminar hacia el chalé.

—No seas loco —me advierte.

Pero yo ya me asomo a la puerta y miro adentro.

Efectivamente, los tres delincuentes tienen a mis amigos acorralados. Dos de ellos los están atando así, en tropel, para ahorrar cuerda, y el otro los apunta con una pistola.

Madre mía.

Hay al menos quince y están Álex, Guille, Miguel, Pepe, Ferrán, Ahmed... ¡Todos!

Y entonces sé que tengo que hacer algo. Intento usar mis sentidos para pensar en un plan mientras el fantasma me dice al oído, chinchando, que nos tenemos que marchar, que no hay nada que hacer, que solo soy un niño y que esto es mucha responsabilidad para mí, pero entonces veo la jarra de agua y los billetes y los cables que llevan a la fotocopiadora y la tinta... Y en mi mente se va urdiendo un plan perfecto que espero que no falle o la llevaremos todos clara.

18

El rescate de los rescatadores

—Que te vas a meter en un lío, chico, que esto es muy peligroso...

Dale con la misma cantinela. Si es que, desde luego, al señor Ramón a pesado no le gana nadie.

Pero tengo un plan y, a pesar del miedo, decido actuar.

Cuento tres.

Uno...

Dos...

¡Y tres!

Tres y medio... Vale, Manolo, tú puedes.

Y entonces lanzo una piedra contra los barriles de tinta. Los tres malos vuelven la cabeza hacia la dirección en la que ha caído la piedra y yo aprovecho entonces para meterme en la cabaña y escurrirme tras las máquinas fotocopiadoras, que no han dejado de lanzar fogonazos en ningún momento.

—¿Qué ha sido eso? —pregunta uno de los delincuentes.

Se me va a salir el corazón, pero no me preocupa, porque si aún no se me ha salido a esas alturas, ya no se me sale en la vida.

Alcanzo la jarra de agua y me quedo muy quieto.

—No es nada —dice otro.

Los quince pares de ojos de mis compañeros están clavados en mí, la verdad es que ya podrían disimular un pelín.

—Os habéis metido en un lío —les dice uno de los delincuentes.

Y ellos asienten sin quitarme los ojos de encima.

Y entonces agarro la jarra y mojo el papel que está a punto de entrar en las máquinas. Noto cómo se empapa poco a poco, y el agua va calando hasta abajo. Las hojas se pegan las unas a las otras, enormes como el mapa de la ciudad que hay colgado en el vestíbulo del colegio. Y entran dos hojas juntas, y tres, y cuatro... y se repliegan, mojadas, y se atascan, y salen algunas chispas, y humo, y las fotocopiadoras hacen «ñic, ñic», y dan botes, y entonces se arma una buena porque comienzan a calentarse y pitan.

Los delincuentes dejan de atar a mis amigos y corren a arreglar el estropicio.

—¡Papel mojado! —chillan.

Intentan que no se cuele en la máquina, desatascan lo que lleva dentro, recortan los billetes buenos. Y mis amigos comienzan a tomar posiciones. Se dispersan. Agarran los toneles de tinta para volcarlos y piedras para lanzarlas.

Y, cuando los malos menos se lo esperan, caemos sobre ellos.

¡Qué emocionante todo! ¡Qué manera de saltar, chillar y correr! Yo hace años que no me siento tan joven.

No pueden defenderse y, antes de que puedan darse cuenta, les hemos echado encima las sacas en las que pretendían llevar el dinero y no ven nada. No se pueden ni mover.

—¡Hemos atrapado a los malos!

Después de la emoción, vienen la calma y los abrazos. Qué manera de abrazarnos. Es como si no nos hubiéramos visto en años.

Guille ha localizado el teléfono de uno de esos tipos y lo ha desbloqueado en un santiamén. Entonces ha contestado dos wasaps con emoticonos graciosos para hacer el chorra y ha llamado a la policía.

—Somos justicieros anónimos —ha respondido cuando le han preguntado por su nombre. Y ha bastado con mandar una foto de los tres criminales atados junto a un montón de billetes, para que la oficial dijera que se presentarían allí en una hora, que estaban localizando la llamada con el GPS.

Cuánta tecnología.

—Es hora de marcharnos —decide Pepe.

Y todos nos vamos antes de que la policía llegue.

Salimos de la cabaña y es un gustazo respirar el aire fresco de la libertad.

—Te debo una muy grande, Manolo —dice Guille. Y nos sonreímos los dos.

—Sabía que eres de lo mejorcito —se ríe Ahmed.

Álex me da un abrazo y un beso en la mejilla.

—Nos has salvado la vida —sentencia José Joaquín.

Nos reímos. Siento que me hacen cosquillas los brazos de la emoción y, cuando me quedo rezagado un segundo, el señor Ramón se coloca frente a mí.

Sonríe.

Yo también le sonrío a él.

—Ha sido emocionante —me dice.

—Una pasada —le digo yo.

—Te has comportado como un verdadero... —y entonces cambia el gesto, me mira a los ojos, y dice—: persona. Una persona extraordinaria.

—Gracias —le digo.

Le tiembla la voz.

—A lo mejor ser un hombre es esto, chico. A lo mejor lo hacías bien y era yo el que estaba equivocado. A lo mejor se puede ser valiente aunque uno tenga miedo. Y ser fuerte, no siempre, solo cuando haya que serlo. Tus amigos... han venido a por ti a pesar de... ya sabes...

—Son muy majos, señor Ramón.

—Saben que eres uno de ellos... y te respetan porque saben que eres bueno, chico. Muy bueno.

Pero la cara del señor Ramón se va haciendo cada vez más transparente. Sus manos... casi no puedo escucharlo porque su voz pierde el volumen.

—Chico —me dice muy bajito—, creo que me voy, por fin. Creo que eras tú el que tenía que mostrarme algo, y no al revés. Creo que... gracias.

Y desaparece.

El señor Ramón se esfuma y yo me quedo mirando al lugar en el que estaba su nariz. Ya no hay nada.

—Adiós —le digo. Y suspiro—. Adiós.

—¡Tortilla! —escucho chillar desde el camino de acceso—. ¿Vienes o qué?

Me vuelvo a mirar. Es Guille con los otros. Me esperan.

—No me hace ni pizca de gracia que me llames así —le digo.

Guille me mira.

—Lo siento, es una broma.

—No me gusta. No lo hagas más.

—Vale —asiente.

Y corro hacia ellos. Cuando llego a la altura de Guille, me sonríe y yo le sonrío de vuelta.

—¿Qué hacías? —me pregunta Ahmed.

—Nada.

Álex sonríe también y después mira a Ahmed fijamente. Este la mira de vuelta.

Y todos caminamos por el bosque. Vamos riendo, vamos cantando, y yo creo que es la mejor noche de toda mi vida.

19

El día después

Hace un sol como nunca y da de lleno. Estamos todos en el campo de atletismo porque Luis, el monitor, quiere hablar con los campistas. Vicen está con él junto al resto de profesores de las otras dos escuelas.

Se me cierran los ojos del sueño. No hemos pegado ojo ni una hora. Tengo a José Joaquín apoyado en mi hombro. Ronca y de vez en cuando le doy un codazo. Miguel, Pedro y Guille me miran a ratos, sonríen y se restriegan los ojos.

Álex y sus amigas no lo llevan mejor. Pepe se ha puesto un palo de escoba en la espalda por debajo de la camiseta, a ver si puede estar más recto.

—Estudiantes —dice Luis—, tengo un anuncio que haceros. La policía ha detenido esta madrugada a una banda de falsificadores en el monte, no muy lejos de aquí.

—Tampoco cerca —dice Ahmed.

Y todos nos reímos.

Luis sigue hablando:

—Es una suerte que no nos hayamos enterado de nada, porque eran una banda muy peligrosa, pero quiero que sepáis que, oigáis lo que oigáis, no hay peligro ninguno para vosotros. Todo ha terminado.

Me da la risa y José Joaquín vuelve a roncar en mi oreja.

Cuando el grupo se dispersa y José Joaquín se va tambaleándose hacia la cantina, Guille se acerca hacia mí.

—Me han dicho que juegas genial a las cartas —me dice.

—He mejorado mucho desde que jugábamos —confieso, rojo como un tomate—. Tengo talento.

—Tu abuela —me dice riendo.

Y yo rio con él.

—Mi abuela.

Y, mientras camino con Guille hacia el comedor, miro al cielo y recuerdo al señor Ramón.

No sé si soy un hombre, pero me siento bien, mejor que nunca. Ya no me da miedo ser quien soy. No me importa que se burlen de mí por comer bocatas grandes o por correr poco porque sé que si me necesitan, voy a estar ahí para defender a las personas que quiero, y las personas que quiero me van a defender a mí. Es lo que hay. Por eso ya no miro al suelo y camino con la espalda recta, mirando al frente y a los ojos.

RAMÓN

Descubre otra historia de Lola Llatas

Malian
EDITORA